# 保育園は誰のもの

## 子どもの権利から考える



普光院 亜紀



※表紙写真提供＝栃木県足利市　小俣幼児生活団（認可保育園）

岩波ブックレット No. 977

# プロローグ

Iさんの手記から。

「長男の育児休業中、初めてのことで、子どもを預けることに不安や迷いはありましたが、保育園を利用している方にお話を聞いたり、区立認可園に見学に行くことで、これなら大丈夫だという思いを強くしました。幼児たちが遊ぶ園庭。乳児の部屋には子どもたちが日光浴できるベランダ。明るい日差しの注ぐ部屋で、絵本の読み聞かせや手遊びをする先生方の穏和な表情、子ども達の無邪気な笑顔。その優しい光景に、私が仕事をしている間も、ここで子どもがのびのびと過ごせると思えばうれしく、復職の不安は吹き飛びました。

運良く長男は、希望していた区立園に入ることができました。親と保育園が力と心を合わせて、一緒に息子を育てているという実感がありました。

第二子のときは、預けられる時期が年度途中でもあり、長男と同じ園どころか、近所の認可保育園、評判のいい認証保育所、すべてが満員で、途方にくれました。私が事前にもっと情報を集めなかったせいだ。こんな時期に職場復帰しようという私が悪いんだ。せっかくの育児休業中なのに、子どもとゆっくり過ごしてあげることもできない。子どもを連れて、あちこち見学に行きながら、そんな思いがこみ上げました。

復職を延長したとしても入所できる保障はなく、復職そのものが危ぶまれます。他に選択肢はない。そう自分に言い聞かせ、結局、娘を空きがあるという認可外保育園に預けることを決めました。

認証保育所や認可外保育園をすべてよくないと思っているわけではありませんが、その園は決して納得して選んだ園ではありませんでした。見学に行ったときから、上の子の認可保育園とはまったく違い、狭い、暗いという印象でした。保育室にテレビがあることもショックでした。余裕の感じられない保育士さんたち、ぽかんとテレビを見ている一歳児、二歳児。娘はあそこで一日の大半、起きている時間のほとんどを過ごすのか。そう思うと、帰りのバスの中で涙が止まらず、働きたいと思うのは私のわがままではないか、この子にこんな思いをさせてまで働く意味はなんなのか、と自分を責めました。長男のときに感じた「これでワーキングマザーの仲間入り」という誇りも、働き続ける自信もどこかへ行ってしまいました。

それでも、実際に預けてみなければ分からないと、勇気と元気とふりしぼって復職しましたが、見学時の不安は見事に当たってしまいました。お迎えに行ったある日、娘は床の上で眠っていました。顔には涙の跡がありました。抱っこされることもなく、泣きながら一人で眠ってしまったのでしょう。

これではとても安心して働くことはできないと、区内で二名だけ空きがあった、家から遠く離れた認可保育園に入園申請をし、幸いなことに転園できることになりました。遠く離れた二園の送迎は体力的につらく、第三子の産休を機に娘を退園させ、現在は家庭保育中です。

来年度は二人同時に申請のつもりですが、待機児童にならないとは限りません。だからといって、どんなところでもいいから入れればいいとはまったく思っていません。もう安心できないところに子どもを預けることは、したくありません。大好きな仕事なのに、仕事をやめざるを得ないかもしれない、と今は不安な日々を過ごしています。」

＊　＊　＊

Ｉさんの手記は、二〇〇九年に綴られました。Ｉさんは翌年、二人の子どもを無事に認可保育園に入園させることができました。しかし、認可保育園の入園事情はその後一層深刻化しており、保育の質の格差はますます広がっています。

私は、「保育園を考える親の会」の代表として、長年にわたり、たくさんの保護者と保育のことを語り合ってきました。そんな中で、質の低い保育園と出会い、ショックを受け、保育の質の大切さを訴える親たちの言葉が心に深く刺さっています。

リーマン・ショック以降、都市部では爆発的な保育ニーズの増加が続いており、親のみならず、一般社会や、親たちの勤務先である企業でも、「なぜいつまでたっても待機児童問題が解決しないんだ」といういら立ちが高まっています。

認可保育園の面積基準や人員配置などの基準が厳しいといって規制緩和を迫る人たち。社会福祉法人などの「既得権益団体」が保育所の増設を妨害していると騒ぐ人たち。現実を見ない陳腐な議論が、今もネット上を駆け巡っています。もちろん、現行の保育制度にも改善しなければならないことは数多くあります。しかし、日本の面積基準や人員配置基準が先進諸国の中では恥ずかしいほど低い水準であることや、待機児童が多い都市部ではすでに株式会社の保育事業が急増している実情に目を向けないで、古い規制緩和論を振り回すのはあまりにも無責任です。今、新たに生じつつある質の問題に注意を払う必要性が、日々高まっていると私は感じています。

Ｉさんは、幸い長男がよい保育園に通っていたので、保育の質の悪さに気づくことができました。しかし、初めて子どもを預ける親が保育の質を見きわめることは困難です。子どもは一〇時間も保育園で過ごし、そこで行われる保育によって命はもちろん大切な時期の心身の発達にも大きな影響を受けるというのに、その質はよく見えません。それでも、多様になった選択肢の中から、親たちは自己責任で保育を選ばなければならなくなっています。しかし……

そもそも子どものために安心できる保育を確保するのは、親だけの責任なのでしょうか。厳しい入園事情を前に「質の話をしている場合ではない」という声も聞こえますが、その結果は誰が引き受けるのでしょう。

国も自治体もそれなりに待機児童対策に努めてきたはずですが、なぜこんな状態になっているのでしょう。

過ちを繰り返さないために、子どもたちの未来をつくる保育についてみんなで考えるために、本書がお役に立てば幸いです。

［現在の保育制度］

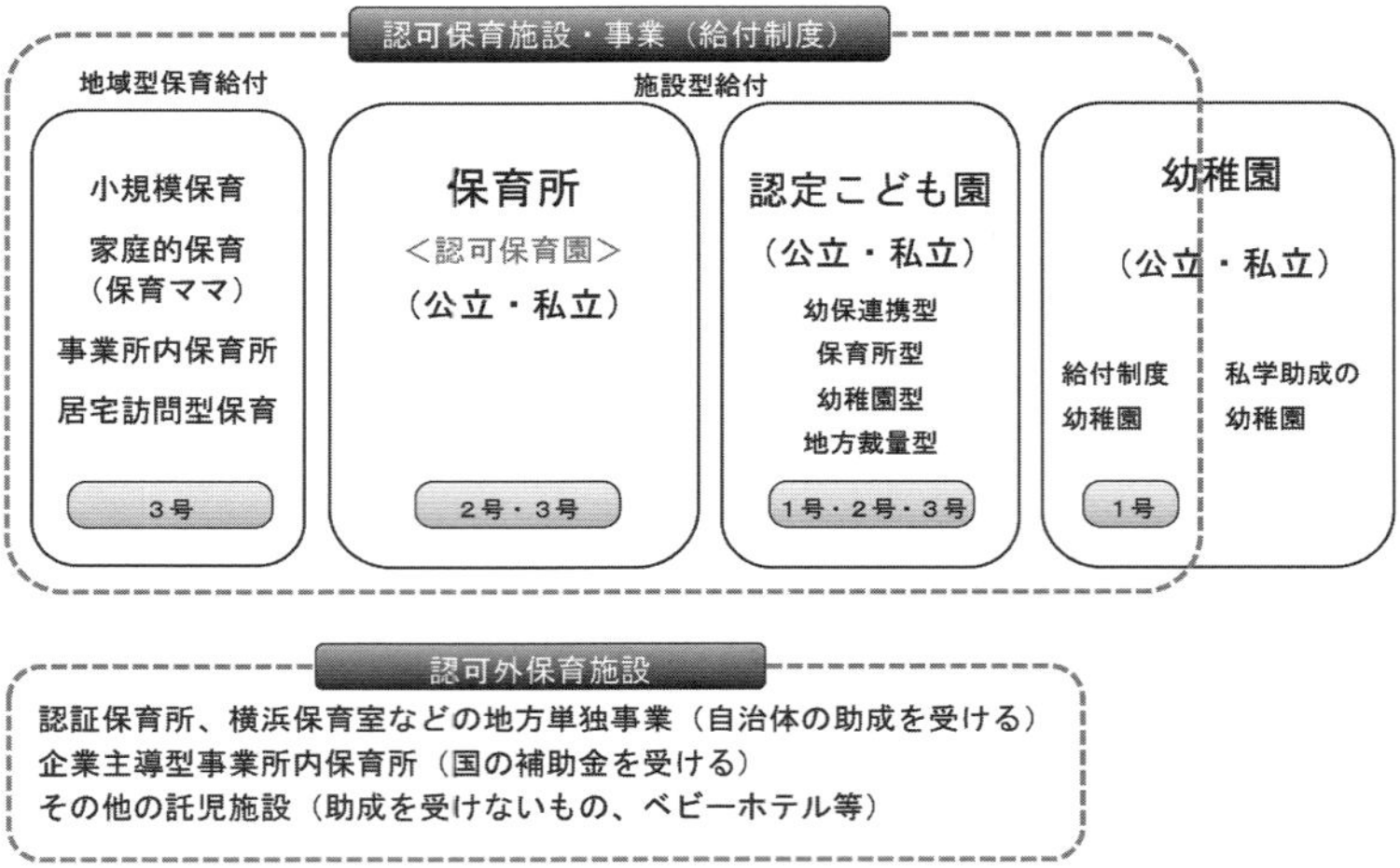


**認可保育園**　制度上は「保育所」が正式名称。以前は「認可」といえば保育所のことだったが、二〇一五年開始の子ども・子育て支援制度で、上図のような種類ができた。

**認可保育施設・事業**　認可の基準を満たした施設・事業が、国や自治体から給付費を受けて保育を運営するしくみ。保育料は家庭の所得に応じた額を市区町村が決める。幼稚園は給付制度に移行せず、文部科学省の私学助成の制度にとどまっている園が多い。

**1号・2号・3号**　親の就労など家庭の状況によって1号・2号・3号の「保育の必要性」の認定がされ、上図のとおり利用できる認可の保育の種類が決められる。1号は保育の必要性が認められない三歳以上児、2号は保育の必要性が認められる三歳以上児、3号は保育の必要性が認められる三歳未満児。

**認可外保育施設（園）**　認可を受けていない保育施設の総称。認可とは異なり、申込みは施設に直接行う。

# 第1章　保育を必要としているのは誰か

## 共働き化社会となって

先進諸国の中ではまだまだ賃金等の男女格差が大きい日本ですが、「女性の社会進出」という言葉はもはや陳腐化しています。そもそも女性が「進出」しなければならない社会とはなんだったのか、と違和感さえ覚えます。この三〇年ほどで家族観は大きく変化し、好むと好まざるとにかかわらず、女性が仕事をもち、子どもを産んでも働き続けることは普通になりました（図1-1）。

一九九〇年の一・五七ショック(1)以降、国の政策課題となってきたM字曲線の台形化もいよいよ達成されようとしています。

M字曲線というのは、年齢を横軸にして女性の労働力率をグラフ化したときに表れる曲線のことです。これまで日本では女性が子育て期に仕事を辞めることが多く労働力率に谷間ができていました（図1-2）。少子高齢化が社会問題となり、出生率低下に歯止めをかけることが国の大きな政策課題となったとき、出生率が回復している先進国で、この女性労働力率グラフが台形になっていることが注目されました。

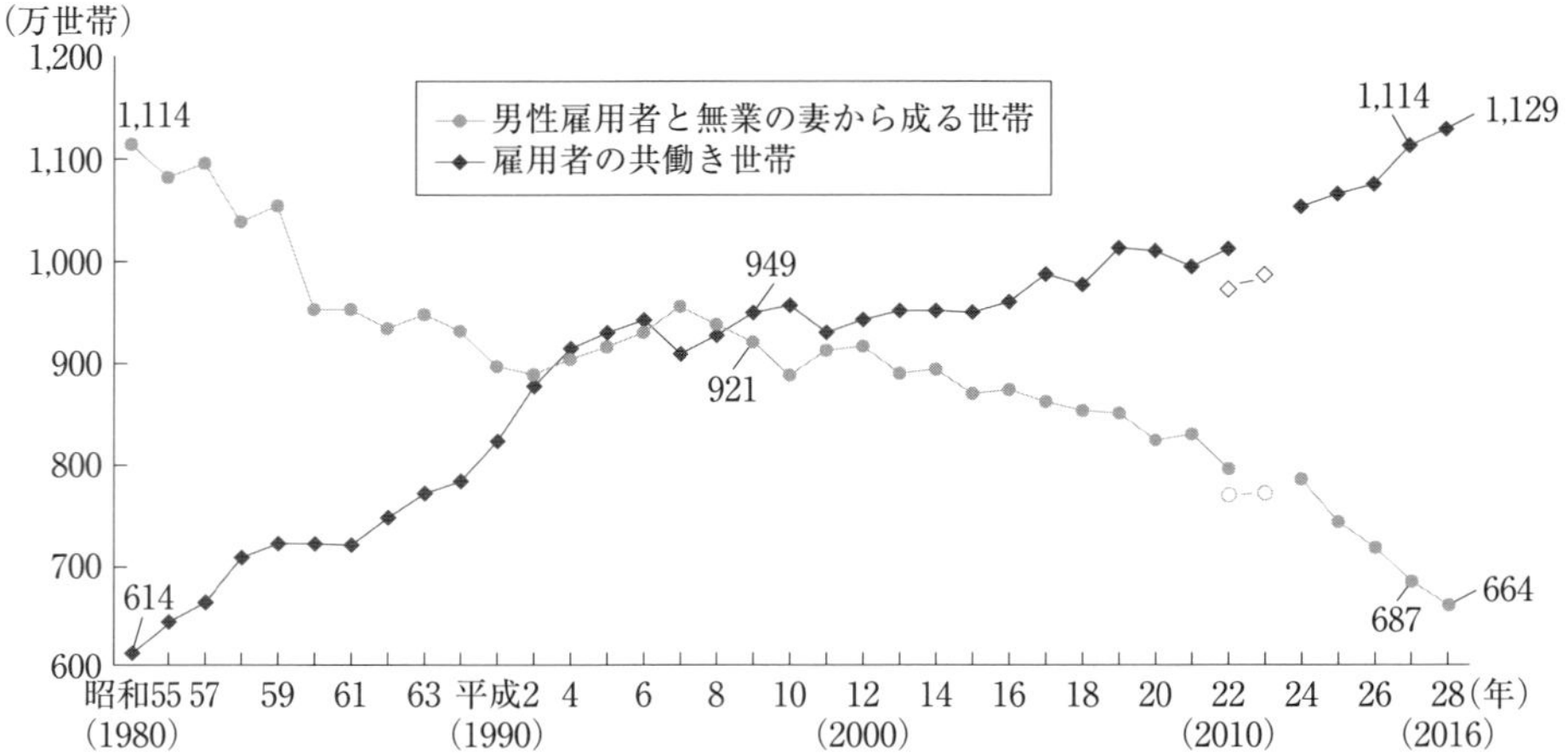


注：1)「男性雇用者と無業の妻から成る世帯」とは，夫が非農林業雇用者で，妻が非就業者(非労働力人口及び完全失業者)の世帯.

2)「雇用者の共働き世帯」とは，夫婦共に非農林業雇用者(非正規の職員・従業員を含む)の世帯.

3) 平成 22 年及び 23 年の値(白抜き表示)は，岩手県，宮城県及び福島県を除く全国の結果.

出典：『平成 29 年版　男女共同参画白書』(注釈一部省略)

**図 1-1　共働き等世帯数の推移**

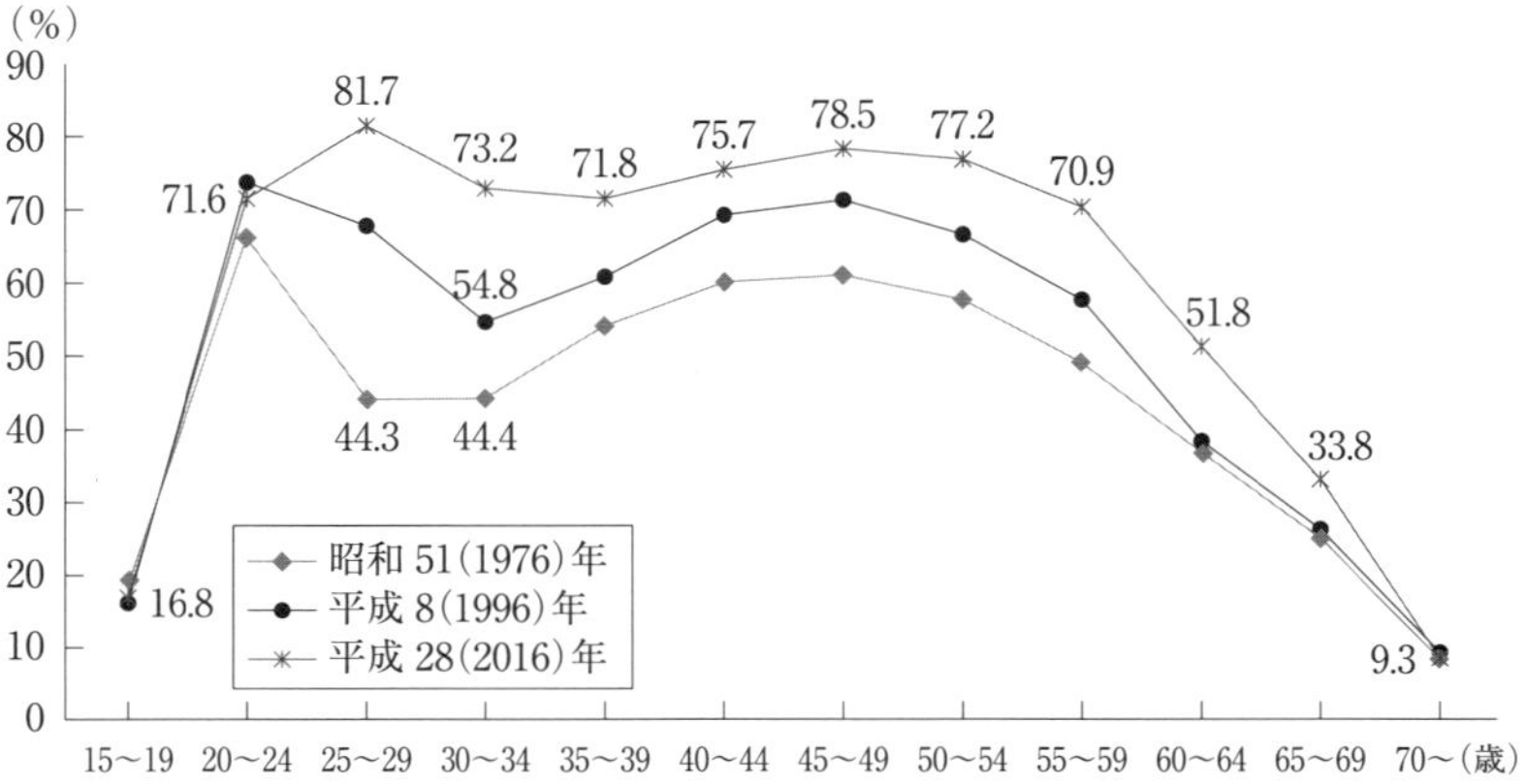


注) 労働力率は，「労働力人口(就業者＋完全失業者)」／「15 歳以上人口」×100.

出典：『平成 29 年版 男女共同参画白書』(注釈一部省略)

**図 1-2　女性の年齢階級別労働力率の推移**

こうして、仕事と子育ての両立支援策が少子化対策の柱となり、一九九二年には育児休業制度ができ、一九九四年にはエンゼルプランが打ち出され、以降も数々の両立支援策が打たれてきました。ちなみに認可保育園の拡充はその中心にあったにもかかわらず、現在こんなに不足する事態になってしまったのはなぜなのか、真摯に振り返る必要があります。

保育園の待機児童問題は、一九九七年にはすでに社会問題としてクローズアップされていました。この年、児童福祉法が改正施行され、それに伴い、認可保育園のゼロ歳児保育が一般化[2]され標準メニューとなるなど、保育がより利用しやすくなるという説明がありました。その前から育児休業制度の普及とともに保育ニーズは増えてきていましたが、この年、全国の待機児童数が四万人を超えました。もう二〇年も前のことです。

ちなみに、二〇一七年度の全国の待機児童数は二万六〇八一人でした。「なんだ、減ってるじゃない」と思われるかもしれませんが、そうではありません。実は、当時と現在では、待機児童数の定義が違っているのです。次ページのような具合です。

以前は、入園・継続を申請した子どもの数から、入園・継続できた子どもの数を引くというシンプルな計算方法でした。当時の待機児童数は「認可保育園に入れなかった子どもの数」そのものであり、誰にでもわかりやすかったと思います。

ところが、東京都が二〇〇一年に認証保育所制度をつくったとき、待機児童の定義が変更になりました。認可保育園に入園申請して「不承諾」になっても、とりあえず認証保育所など自治体

［**1997年の計算方法**］（－は差し引かれる数字）
認可保育園の入園・継続申請児童数
－認可保育園の入園・進級児童数（全在籍児童数）

［**2017年の計算方法**］
認可保育園等[3]の入園・継続申請児童数
－認可保育園の入園・進級児童数（全在籍児童数）
－自治体が助成する認可外保育施設で待機している児童数
－親が育児休業中の児童数（育児休業を延長したなど）[4]
－求職中で申請しているが求職活動を停止しているとされた児童数
－私的理由で待機しているとされた児童数（遠い施設を辞退など）

が助成する保育施設に入って認可保育園の空き待ちをしている子どもは、待機児童数に含めないことになりました。その後、カウントしなくてもいい項目は増やされ、現在のような形になりました。

こうして保育のニーズを少しでも低く見積もろうという国や自治体の姿勢も、今日の事態を招いた一因です。さらにその背景には、行政改革、緊縮財政のために保育施策が抑制され停滞してきたという経緯もありました。このことについては、第3章で詳しく述べます。

こうして国が旗をふって両立支援を進めてきたにもかかわらず、それに見合う保育園の整備が追いつかず、共働き化だけが思いがけないスピードで進んだのが、現在の状況です。

### 困っているのは「お母さん」か？

首都圏の会員が多い「保育園を考える親の会」では、リーマンショック（二〇〇八年）以前は、「四月入園であれば、育休明けの人はだいたいどこかに入れる」というアドバイスが有効でしたが、その後、その認識では立ち行かなくなりました。入園希望者の急増がのっぴきならない状態になったのです。

この間、女性の職業意識が高まったということももちろんありますが、それ以上に、子育てするからこそ、共働きで生活を安定させたい、将来の子どもの教育費を確保したいと考える家庭が多くなったと思います。現実の子育て世帯の経済状態からすれば、当然の選択です。

二〇一三年には、東京都杉並区で入園不承諾を受け取った親たちが集団で区に異議申し立てを提出する抗議行動が行われ、「保育園一揆」としてメディアを賑わわせました。二〇一六年には、「保育園落ちた日本死ね!!!」という匿名ブログの書き込みが国会で取り上げられ、待機児童問題がこれまでになくクローズアップされました。

新聞でもテレビでも「保育園に子どもが入れなかったお母さんたちが困っています」と報じました。しかし、困っているのは「お母さん」なのでしょうか。そのような捉え方にも、待機児童問題がここまで深刻化した原因があると思います。

「保育園を考える親の会」の入園オリエンテーションにやってきて、入園選考の点数制の話に熱心に耳を傾けているのはお母さんだけではありません。夫婦で参加して、お父さんも熱心にメモをとっています。「孫の保育園が見つからなくて」と「保育園を考える親の会」の資料の問い合わせをしてこられる祖父母もいます。

困っているのは、日本のたくさんの子育て世帯です。子育て世帯が安心して子育てできないということは、国や自治体にとっても困ったことのはずです。育児休業明けに社員が戻ってこなくて企業も困っています。困っているのは日本の社会全体なのです。

かつて親たちが自治体に「保育園をつくって」と要望すると、「働くお母さんにばかりお金をかけるわけにはいかない」と言われたという話をよく聞きました。「保育園は働きたいお母さんたちがほしがっているもの」という認識が強かったのです。もっと言えば、「子どもを預けて働くなどというのは、女性のわがままだ。そんなわがままにお金はかけられない」と考えていた人も多かったと思います。政治家や行政マンには専業主婦家庭が多いことも影響していました。

しかし今、地方も都市部も、共働き化はまちがいなく着実に進行しています。「女性の社会進出」などという生やさしいものではなく、生活の必要性が突き動かしていると思います。

## 両立支援で持続可能な社会をつくるというシナリオ

**図1-3**は、政府公報に掲載された少子高齢化についてのイメージ図です。出生率の低下は社会保障制度の将来に大きな影を落としていることが説明されています。

ここで念のために言えば、私たちは、将来の社会保障制度のために子どもを産むわけではありません。戦前に国は国力増強のため「産めよ殖《ふ》やせよ国のため」というスローガンを掲げていましたが、国のために(あるいは家のために)子どもを産むことを強制されるとしたら、それは親にとっても子どもにとっても個人が尊重されない事態であり、基本的人権の侵害にほかなりません。

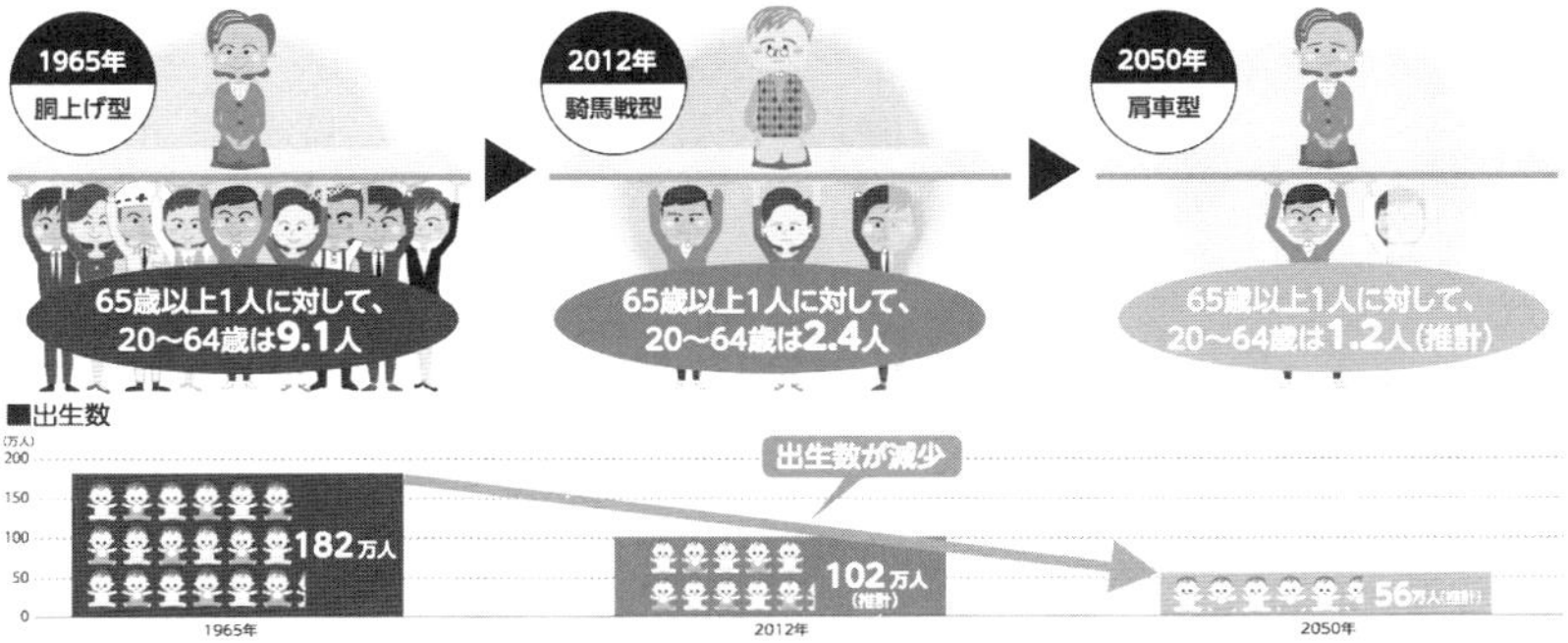


日本は，1965（昭和 40）年には 1 人のお年寄りを約 9 人で支える「胴上げ」型の社会でしたが，今や支え手が 3 人弱に減少する「騎馬戦」型の社会になりました．今後も支え手の減少は続き，2050 年には 1 人が 1 人を支える「肩車」型の社会になることが見込まれています．

こうした社会の変化を踏まえ，給付・負担を人口構成の変化に対応したものとすることや，支え手を少しでも増やす努力として，子ども・子育て支援や高齢者が長く働き続けられる環境づくりなどが必要です．

出典：政府広報・内閣官房作成パンフレット「明日の安心　社会保障と税の一体改革を考える」．

**図 1-3　政府公報に掲載された少子高齢化の説明**

子どもを産まないという暮らし方・生き方を選択するのも自由ですし、その選択をする人たちが肩身の狭い思いをするような社会であってはならないのは言うまでもありません。

という大前提をふまえた上で、子どもを産み育てようとする親とその子どもも含めた全国民・住民の現在と未来が、幸せで、安心できて、かつ持続可能なものとなるように、国や自治体の施策は練られていかねばならず、その一つが、少子化対策であり、子育て支援策であるということです。

でも、それはなぜ両立支援でなければならないのか、女性が家庭で子育てに専念できるようにしたほうが子どもが増えるんじゃないの？と言う人もいるでしょう。

女性の就業率が高いほど出生率が回復する傾向があることはすでに定説となっていますが、本当は、それだけの単純な話ではありません。厳密に分析すると、女性の就業率が高まると、出生率が低下するという負の関係もあることが明らかにされています。

男女の平等が進み女性の地位が高まれば、女性も働いて高い所得が得られるようになります。すると、子育てによって仕事を中断する機会コスト（損失）が大きくなるので、出産を控えさせる方向に力が働きます。女性の就業率の上昇が出生率を低下させる局面です。しかし、そこで保育園を整えたり、父親の分担度を高めたり、柔軟な働き方ができる制度を整えたりして仕事を継続しやすくし機会コストが増大しないように環境を整えた国が、出生率を回復できているというのが正確な説明です。

現在、女性の就業率が高いヨーロッパの国々は、女性の社会進出が始まった一九七〇年代から一九八〇年代頃までは少子化が進んでいたのですが、一九九〇年代から二〇〇〇年代にかけて両立できる環境が整えられた結果、出生率が回復したと考えられています。出産後の就労が容易になれば家計は安定し、子育て経費が賄えるとわかれば、子どもは産みやすくなります。

安倍晋三首相の「一億総活躍社会」には、女性や高齢者も働き続けて社会保障制度を支えるというシナリオが織り込まれていますが、働け働けというだけで、そのための環境を整えなければ、逆効果になるかもしれないのです。

もちろん男性が一人で大黒柱になって一家を養うという暮らしを選ぶ自由もなければなりません。ただし、それは今、多くの人びとにとって経済的に厳しく、個人の自由が浸透した若い世代にとってリスクの高い選択肢になっていることを理解しなければなりません。

## 子どもは保育を求めているか？

ここまでの話では、保育における最も重要な当事者の立場が登場していません。

子どもです。

子どもはこのような少子化対策でいいのでしょうか。子どもは保育を求めているでしょうか。子ども、特に乳幼児は小さくて非力で、自分の意見を表明する力もまだ十分には備わっておらず、身を守ったり先を見通したりするための判断もできないので、親の保護のもとで、親に従って生活しています。子どもが小さければ小さいほど、親は子どもを容易に従わせることができますし、周囲からも子どもは親に付属したものととらえられている場合が多いと思います。乳幼児について何か決めるとき、「子どもはそれでいいと言うでしょうか？」と問われたら、たいていは「子どもにはわからんでしょ」「親が決めることです」ということになります。

でも、子どもは親の所有物ではありません。親だから子どもの命を奪ってもいいとか、面倒を見ないで放っておいてもいいとか、教育の機会を与えなくてもいいとか、ということにはなりません。親が信仰している宗教のせいで、子どもが命にかかわる治療が受けられないということも認められません。[5] 子どもの人格は、親から独立して認められなくてはなりません。子どもも一人の人間であり、まだ大人と同等の力を発揮できないけれども、大人と同じ人格をもち、同じように尊重されなければならない存在です。

そこで「子どもの権利」という概念が必要になります。少し掘り下げてみます。

## 子どもにとって望ましいこととは

「子どもの権利」は、生存、成長、発達の過程で特別な保護と援助を必要とするという子どもの固有性（大人との違い）に着目して、子どもの人権を守ることに大人たちが特別の注意を払うための概念ともいえます。

一九八九年に国連で「子どもの権利条約」（政府訳：児童の権利に関する条約）が採択され、一九九〇年に発効しました。日本も一九九四年に批准しています。この条約は、子どもについてのあらゆる差別の禁止、生命・生存・発達への権利、意見の尊重などの権利の原則とともに、子どもに関わる公的・私的なすべての措置（actions）にあたっては、子どもの最善の利益が考慮されなければならないことが謳《うた》われています（第三条）。「子どもの最善の利益を考慮する」とは、その子どもがおかれている状況を総合的に見て、子どもの現在と未来にとって最もよいことがなされるように、利益となるように考え、努めるということです。

子どもの権利条約は、主に締約国の責任や義務について示していますが、親については、第一八条に、親（もしくは法定保護者）が子どもの養育および発達について第一義の責任をもつこと、子どもの最善の利益が親・法定保護者の基本的な関心事項になるべきことを示しています。

話を戻して、日本は今、急激な共働き化が進み、親が働いている間、子どもを預けることができる保育施設を増やすことが求められています。では、子どもはそれを求めているでしょうか。

この問いを考えるときには、私たちが暮らしている社会を前提として、子どもの最善の利益を考える必要があります。この社会のもとで、子どもが幸せに、成長・発達する権利を保障されながら暮らすためには何が必要か、ということです。

基本となる環境が家庭にあることは、間違いありません。一般的には、家庭の経済生活が成り立ち、親が子育てに喜びを感じられるような暮らしが、子どもにとっても幸せの基盤になると思います。

世界中には、さまざまな暮らしがあります。家族間の壁が低い集落の中で、生きるための労働も子育ても共同で行っている地域もあります。また先進国でも性別役割分担による子育てが男女の納得の上で行われていることは少なくないでしょう。ただし、ここまで見てきたように、政策的には、社会の進化に伴い男女平等の実現との間に矛盾をはらんでいく局面があります。そして、その課題に答えが出始めた先進国では、保育というシステムを進化させてきました。

さきほど紹介した子どもの権利条約の第一八条は、父母がともに子どもの養育および発達について共同の責任を有するという原則が認められるように国が努力すべきことや、親・法定保護者が養育責任を果たすために国は適当な援助をし、子どものケアのための施設やサービスを発展させなければならないこと、就労している親の子どもが、利用資格のある保育サービスや施設から便益を受ける権利を有することを確保するためにあらゆる措置を講じなくてはならないことを示しています。

## 子どもが求める保育

実際に、日本の働く親と子どもの現実に当てはめると、これらのことをどう考えたらいいのでしょう。

人見知りが最も強い時期の一歳児を初めて保育園に預けるとき、泣かれることは多いものです。そのときの子どもの気持ちを言葉にすると「ママ（パパ）行かないで。私は不安なの。ママ（パパ）と一緒にいたい」だと思います。でも、その保育施設を信頼していれば、親は仕事に行くために親子でこの一時的な不安に耐えるという選択をします。もちろん、施設の側は子どもの不安が最小限になるように「慣れ保育（慣らし保育）」を実施したり、子どもが安心できるようにさまざまな努力をするはずです。やがて、子どもが保育者との間に信頼関係を築き、安心して保育施設で過ごせるようになるのであれば、また、そこで心身の発達を促される豊かな保育環境が提供されるのであれば、親も働くことによって経済的な安定を手に入れ、親自身の生き方の選択を保障された満足をもって子育てができるのであれば、子どもの現在および未来にとって望ましい環境が実現されたことになります。

ところが、この保育施設が子どもの安心や安全を確保できない施設だったり、成長・発達に必要な環境を備えていない施設だったりした場合、子どもにとって「それでいい」ことにはなりません。保育を受けるのは子ども自身であり、そこでの保育は子どもの権利を侵害するものになってしまいます。このことについては、第3章でさらに詳しく述べます。

当たり前の結論ですが、子どもは質が確保された保育を求めています。

では、その願いにそぐわない保育に子どもが預けられている場合、親が悪いということになるでしょうか。その地域に質を確保した保育施設がなかったり不足していた場合はどうでしょう。保育の質は外からは見えにくいものなので、質の悪い施設を親が選ばないためには、国や自治体が全体の質を管理したり情報を提供したりすることが必要だと思いますが、それがなされていないとしたら、どうでしょうか。

親だけでは、子どもの権利は守れないのです。子どもの権利条約第一八条が締約国に求める「保育施設・サービスの発展」には、子どものための質が確保されるしくみもセットでなければならないはずです。

## 児童虐待の増加と児童福祉法改正

働く親をもつ子どものほかに、保育を切実に必要としている子どもたちがいます。

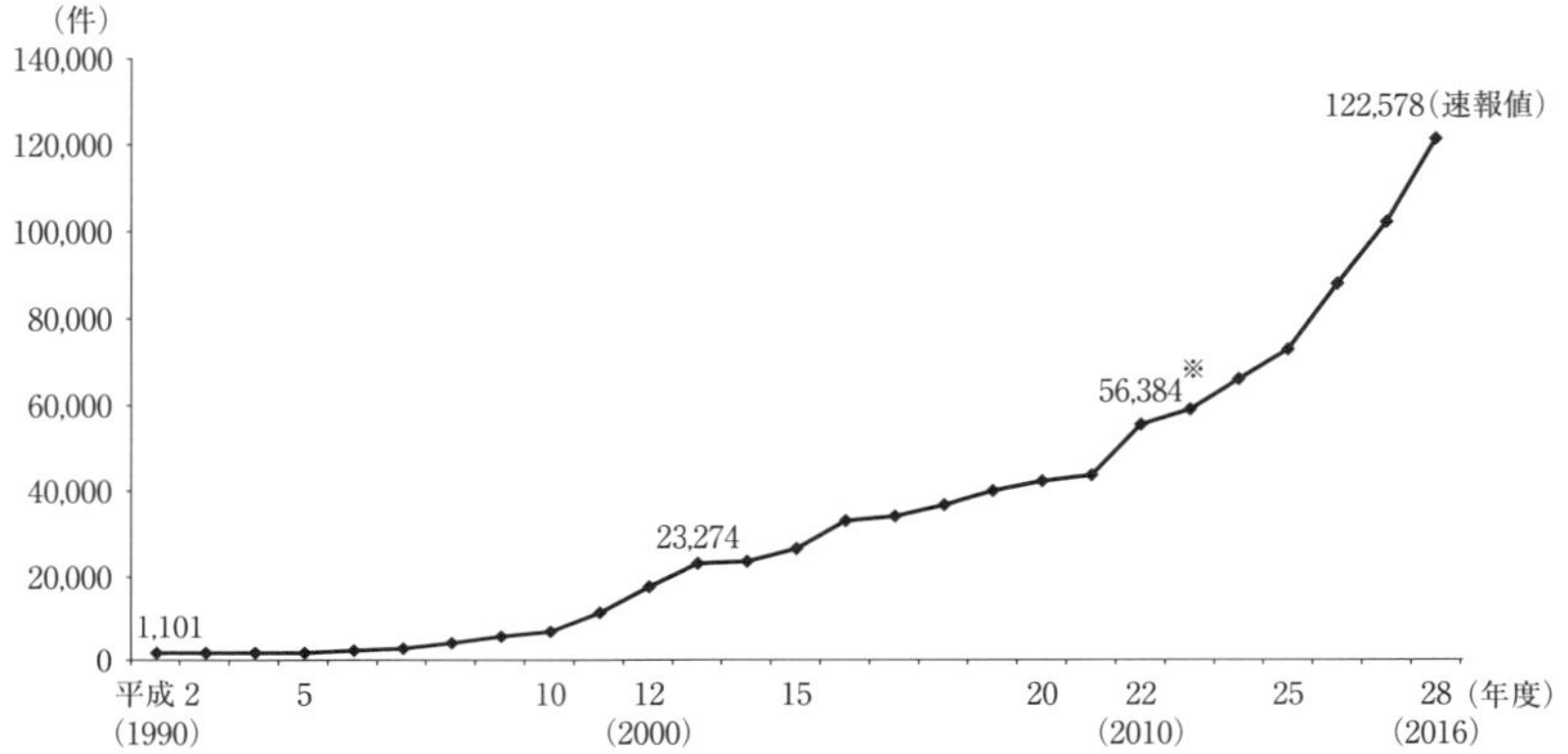


注：平成22年度の件数は，東日本大震災の影響により，福島県を除いて集計した数値.
出典：平成29年8月17日　厚生労働省発表

**図1-4　児童虐待相談対応件数の推移**

家庭の養育力が脆弱なために、家庭で暮らせなくなるリスクをかかえている子どもたちです。**図1-4**のとおり、児童虐待相談対応件数（児童相談所で児童虐待に関する相談等に対応した件数）は伸び続けています。

増加の背景には、二〇〇〇年に児童虐待防止法が施行されて児童虐待が明確に定義され、国民に通告義務が課されるようになったことや、報道などで児童虐待への関心が高まったこともあるとは思いますが、それだけではすまされない増加の状況です。

児童虐待は子どもの心に深い傷を残し、情緒面や行動面での問題、対人関係での困難性をひき起こすことが少なくありません。

児童虐待が発生する背景には、家庭の経済状態、家族関係、親自身の成育歴や精神疾患、子どもの発達上の問題、孤立などなどの問題が複雑に絡み合っている場合が多いことがわかっています。つまり、特別な家庭が児童虐待をひき起こすのではなく、家庭の中でなんらかの負の要因が積み重なったために発生する場合も多いということです。そのため、家庭が何らかの課題をかかえていることに気づいたら早めに支援することが重要であることが広く認識されるようになりました。

二〇一五年に施行された子ども・子育て支援法は、認可保育園・幼稚園・認定こども園などの保育施設について制度を規定したほか、地域の子育て家庭への支援についても、市町村が地域のニーズを調べて子育て支援拠点や一時預かりなどの事業を計画的に整備することを求めています。

そんな中で、保育園がもつ機能は非常に重要です。在園児家庭の場合、日中、子どもが保育園で生活していること自体が、家庭にとっては大きな支援になっていますが、保育園が継続的に子どもの状態を把握し、家庭とのコミュニケーションをとっていることの意味は大きなものです。保育園は何かのときに最初に気がつき、家庭に手を差し伸べられる位置にいるのです。市町村長が認めたときは、保護者が働いていなくても子どもが認可保育園に入れることになっているのは、このためです。在園していない地域の子育て家庭に対しても、保育園が保育の専門性を発揮して、あるいは保有する施設・設備を活用してさまざまな子育て支援が試みられています。

ところで、いま日本の児童福祉政策には大きな変革期が訪れています。二〇一六年に児童福祉法が改正され、社会的養護を施設養育中心から家庭養育中心へと変えていくことが明示されたのです。

社会的養護とは、親がいない、あるいは親が養育できないと判断された子どもを、公的な責任のもとで社会が養育することです。児童虐待を受けて児童相談所に保護された子どもが、「子どもの最善の利益」の考慮の結果、家庭には戻せないと判断された場合、乳児院、児童養護施設、里親などの社会的養護のもとで暮らすことになります。ヨーロッパなどでは、親の養育を受けられない子どもを里親や養子縁組などの家庭での養育に委ねる割合が高いのですが、日本は施設に措置される率が八割以上と高くなっています[6]。これについては、子どもの権利条約の義務の実施状況について締約国に勧告を行う子どもの権利委員会も、日本政府に対して、里親や小規模な施設養育を増やすように勧告していました。

二〇一六年一一月、筆者は、児童福祉法の改正を受けて厚生労働省が開いた「新たな社会的養育の在り方に関する検討会」に呼ばれ、保育園に関するヒアリングを受けました。そのとき、東欧などで施設ケアから里親への移行を支援しているＮＧＯルーモスの常務理事であるシングルトン卿のアドバイスを聞く機会に恵まれました。

シングルトン卿は、日本がこの移行を進めるためには、施設を閉鎖する前に里親などの家庭養育を十分に拡充することが必要である、その局面では経費がかかることを覚悟しなくてはならないと話しました。さらに、移行のためにはまず、社会的養護のニーズ（保護される子どもの数）を減らす必要があると述べ、その方策としては、デイケア（保育園）や地域による子育て支援が有効であると助言しました。

保育園が早めに家庭の困難に気づき、親を直接支援したり、適切な外部の支援とつないだりして、家庭の立ち直りを促すことができれば、子どもが保護される事態を減らすことができるかもしれません。そう考えると、保育園への期待はますます膨らみます。

しかし、現実は違う方向に向かっています。待機児童対策のために保育園の基準は緩和され、面積基準が切り下げられたり、有資格者の配置数が減ったりして、保育園の余力は奪われているように見えるからです。

## 子どもの権利を保障する

この社会的養護の変革が盛り込まれた児童福祉法改正には、もうひとつ大きなポイントがありました。その第一条に、初めて子どもの権利について書き込まれたのです。

**第一条**　全て児童は、児童の権利に関する条約の精神にのつとり、適切に養育されること、その生活を保障されること、愛され、保護されること、その心身の健やかな成長及び発達並びにその自立が図られることその他の福祉を等しく保障される権利を有する。

子どもを権利の主体ととらえることは、日本ではなぜか抵抗感が強く、受け入れられてこなかったのですが、ようやく法律に盛り込まれるようになり、大きな一歩になりました。続いて、このようにも書かれました。

**第二条**　全て国民は、児童が良好な環境において生まれ、かつ、社会のあらゆる分野において、児童の年齢及び発達の程度に応じて、その意見が尊重され、その最善の利益が優先して考慮され、心身ともに健やかに育成されるよう努めなければならない。

② 児童の保護者は、児童を心身ともに健やかに育成することについて第一義的責任を負う。

③ 国及び地方公共団体は、児童の保護者とともに、児童を心身ともに健やかに育成する責任を負う。

子どもの権利の保障は、国民の努力義務となりました。そして、保護者の第一義的責任が明記され、国や自治体も保護者とともに責任を負うとされました。国や自治体がこの責任を果たすための重要な施策のひとつが保育であることは間違いありません。

**注**

（1） 一九八九年の合計特殊出生率が統計開始以降で最低の一・五七まで落ち込んだ。この数字が発表された一九九〇年には「少子化」が社会問題として大きくクローズアップされている。なお、それまでの最低は一九六六年の「丙午(ひのえうま)」の年の一・五八で、「丙午」生まれの女子は気性が激しいという迷信があったために産み控えられ、出生率が下がった。

(2)ゼロ歳児保育の一般化は一九九八年から実施。一九九七年以前は、ゼロ歳児保育は認可保育園の標準メニューではなく、特別保育事業として指定を受けた施設が補助金を受けて実施していた。そのときのゼロ歳児一人当たりの面積は、最低五㎡なければならないとされていた。

(3)認可の保育には、認可保育園(保育所)のほかに、認定こども園、地域型保育(小規模保育、家庭的保育、事業所内保育、居宅訪問型保育)があり、待機児童数は、これらのすべての合計で算出されている。

(4)多くの自治体が、保護者が育児休業中の子どもを待機児童数から除いていたが、認可保育園等を希望して入園が決まらずやむなく四月一日時点で育児休業を延長しているケースが多数であることから、二〇一七年、国は復職の意思がある育児休業中の保護者の子どもを待機児童数に含めるように定義を変更した。しかし、二〇一七年度は保護者の意向を確かめる時間がなかった等の理由で従来どおり算出した自治体も多かった。

(5)二〇〇八年、消化管内の大量出血で重体となった一歳男児への輸血を宗教上の理由で拒んだ両親について、病院から連絡を受けた児童相談所は、親権を一時的に停止するよう保全処分請求を家庭裁判所に求めた。家庭裁判所は、即日審判でこれを認め、男児は救命された。

(6)里親委託率は、二〇一〇年前後の調査で、オーストラリアでは九三・五%、アメリカ七七・〇%、イギリス七一・七%。ドイツ、フランス、イタリアは五〇%前後。日本は、当時は一二・〇%だったが、二〇一六年三月には一七・五%になった。

# 第2章　社会のインフラとしての保育

## 「みんなで育てる」は自然

二〇一六年一月にＮＨＫスペシャルとして放送された「ママたちが非常事態」という番組が、子育て支援関係者の間で話題になりました。なぜ子育てはつらいのかという疑問を脳科学・生理学・進化学などの最新科学で解き明かそうという番組でした。

出産後、母親の脳や体には大きな変化が起こりますが、その中には不安や孤独感を高めるホルモンが分泌されるという、子育ての邪魔をするような変化もありました。

番組は、その理由を人類七〇〇万年の進化として解説します。

人類に近いチンパンジーは出産後、母親が一人で子育てをするかわりに五年間は次の子どもを出産しない体のしくみになっているそうです。これに対して人類は一年以内でも次の子どもを出産することができます。アフリカの原始的な集落を観察すると、そこでは、家族を超えて、集落の大人たちが助け合いながら子育てをしていました。果実の採集に出かける母親の子どもを他の母親が抱き取り、母乳も飲ませます。人類はそもそも母親が一人で子育てをするようには進化してこなかったのではないか、だから次の子どもをすぐに妊娠することができる体になっているし、出産後は仲間を求めるようなホルモンが分泌されるのではないかというのです。

これはひとつの仮説ですが、母親が一人でする子育てというのは、人類ＤＮＡにそぐわないと言われたら、大いに納得するママたちも多いと思います。

かつて、「子育てがたいへんだ」という母親たちの声に対して、「昔は洗濯機もなかった時代に、ひとりで三人も四人も子どもを育てたものだ。今の母親は甘えている」などと言う人たちがいました。確かにその時代は、今よりも物理的に家事・育児がたいへんだったかもしれません。でも、当時は大家族で暮らしていたり地域関係が密で隣近所で子どもの面倒を見合うことがあったりして、孤立感は少なかったのではないかと思われます。今は、子育て支援策の必要性として、核家族化、地域関係の希薄化によって家庭が孤立しがちになっていること、そのため子育てのノウハウが伝わらない、手助けがない、子育てのたいへんさや喜びを共有できる仲間がいないなどの問題が発生していることが言われるようになりました。「母親が甘えている」のではなく、私たちのライフスタイルが変化した結果、子育てがやりにくくなっているのであり、社会の問題としてとらえていく必要があるという認識がもたれているのです。

そもそも女性が専業で家事・子育てに従事するという暮らし方は、日本では戦後の高度経済成長期に庶民に広がったもので、それほど歴史があるわけではありません。それを「本来の姿」ととらえた議論は見直す必要があります。

ちなみに、保育園などの保育を利用できている家庭は、子育てに関する不安が少ないことがわかっています。日々保育士などの専門職に見守られていて、親子ともども仲間とつながれる場がある安心感というのは大きいものです。保育の場では、現代の子育て環境で失われているものの一部が取り戻されているのです。

## 「生活の場」だからできる子育て支援

親にとって初めての子育ては、まさに手探りです。なぜ泣くのか、なぜ食べないのか、なぜ言うことを聞かないのか、なぜやってはいけないことをするのか。大人の理屈が通じず、身勝手で、場をわきまえてくれない小さな人に、悪戦苦闘します。「子育てなんてみんながやっているんだから難しくないはず」という思い込みは見事に裏切られます。それこそ前述のアフリカの集落なら、まわりにたくさん見習えるモデルがいて、そんな悩みはないかもしれません。また日本のように高度にリスク管理されている社会では、たくさんの知らねばならない情報があります。その一方で、過剰な商品やサービスも「なければならないもの」として売り込まれています。子どもが本当に必要としていることを親が見分けるのは至難の業です。

そんな親たちにとって、保育園は頼りがいのある支援者です。

保育園を考える親の会では、会員アンケートなどで保育園での体験などを聞くことがありますが、保育園で助けられたことに関しては特にたくさんの声が集まります。

「離乳食も、トイレトレーニングも、保育園ですべて教えてもらいました」

「園で生活のリズムをつくってもらっているので、とても助かります」など。保育園に子育て生活をリードしてもらっています。

また、保育参観（参加）・保護者懇談会・個人面談などの機会に、保育を見たり参加したり、保育士から話を聞くことで、わが子への理解が深まることもあります。

「子どもの目を見て言って聞かせると、子どもは理解するのだとわかりました」

「家でできていないこと（できないと親が思っていること）が保育園ではできており、びっくりすることが多かった。子どもが自分でやろうとするのを根気よく見守ってくれている保育者に感謝です」

「保育士さんに二歳児の「自分でやる」という主体性の大切さを教えていただき、その後の子育てで注意できたことはとても助かりました」

「個人面談で「以前はこうでしたが、最近はこうなっていますよ」と子どもの遊び方や友だち関係を観察したことを伝えてくれて、子どものよいところや成長を感じることができました」

やがて、わが子からクラスの仲間へと視野が広がり、その親ともつながりができていきます。

「一日保育体験をさせてもらい、まる一日クラスの子と付き合うと、いろんな子どもがいることが実感できました。自分だけの（ひとりよがりの）悩みなど、小さなことだと気づき、子育ての意欲がわきました」

「保育園は本当に「生活の場」なのだということを実感しています。「たくさんの家族」と一緒だからご飯だっておいしいし、遊びの楽しさも倍増する。ケンカだってたくさんするけど、一人っ子のわが子の園でのキラキラしたエネルギーを見るたびに感心します」

「家庭の中での子どものようすと、多くの子どもたちとかかわる集団保育でのようすはまったく異なり、わが子の姿を再発見しました。ほかの父母と話したり、ほかの子どもの様子を見て、自分の育児に自信をもったり、見つめなおしたり、考え方を変えたり、と多くの刺激が与えられました」

保育園は子育てを支え合うコミュニティとしても機能します。

保育園で子どもたちは、たくさん遊び、食事をし、お昼寝をし、排泄もします。保育園は子どもたちの「生活の場」であり、「生活の場」だからこその子育て支援機能をもっているのです。

現在、待機児童が多いために、都市部では希望者の一部しか認可保育園に入れなくなっています。保育の受け皿がもっと広がり、親が働いている家庭はもちろん、働いていなくても子育ての負担感が大きい家庭なども入園できるようになれば、子育ての安心感はぐっと広がると思います。

### 費用対効果の大きい教育投資

保育園は就学前教育を担う機関でもあります。

二〇〇〇年にノーベル経済学賞を受賞したジェームズ・ヘックマン教授の「幼児教育は国家にとって最も費用対効果が大きい教育投資である」という主張が、保育の世界でも大いに話題になりました。ヘックマン教授が根拠としたのは、ペリー・プリスクール・プロジェクトというアメリカ・ミシガン州の貧困地域で一九六二年から一九六七年にかけて行われた社会実験です。

この実験では、三〜四歳の合計一二三人の子どもに二年間にわたり質の高い幼児教育を実施し、同じ地域でプログラムに参加しなかった子どもたちと比較する追跡調査をしました。すると、高校卒業率、四〇歳時点での年収、逮捕歴など多くの項目で顕著な差が現れたというのです。

分析では、幼児教育が子どもたちの人生を変えたことによって、後に国が社会問題に対応する費用（社会福祉、治安など）を減らし、税収を増やすことができたとし、プロジェクトの費用一ドルにつき七・一六ドルのリターンがあったと算出しています。

なんとも世知辛い社会実験ですが、この調査と分析によって、貧困のもとにある子どもたちに質の高い幼児教育を提供することが国益になる、という根拠を示せたことは大きなことです。

ペリー・プリスクールはいわゆる幼稚園で、週に五日間、一日二時間半の教育が行われました。教育といっても、学校のように子どもを座らせて教師が一方的に教えるような教育ではなく、子どもの自発的な活動を教師がサポートするというものでした。教師は五〜六人の子どもに一人の割合で配置され、発達の鍵となるような体験ができるように子どもの活動を助けました。大学卒の教員の資格をもっており、公立学校の教員以上の待遇が与えられ、プログラムを実行するために必要な研修も受けていました。

さらに注目されるのは、このプロジェクトにおいては、教師が週一回の家庭訪問も行っていた

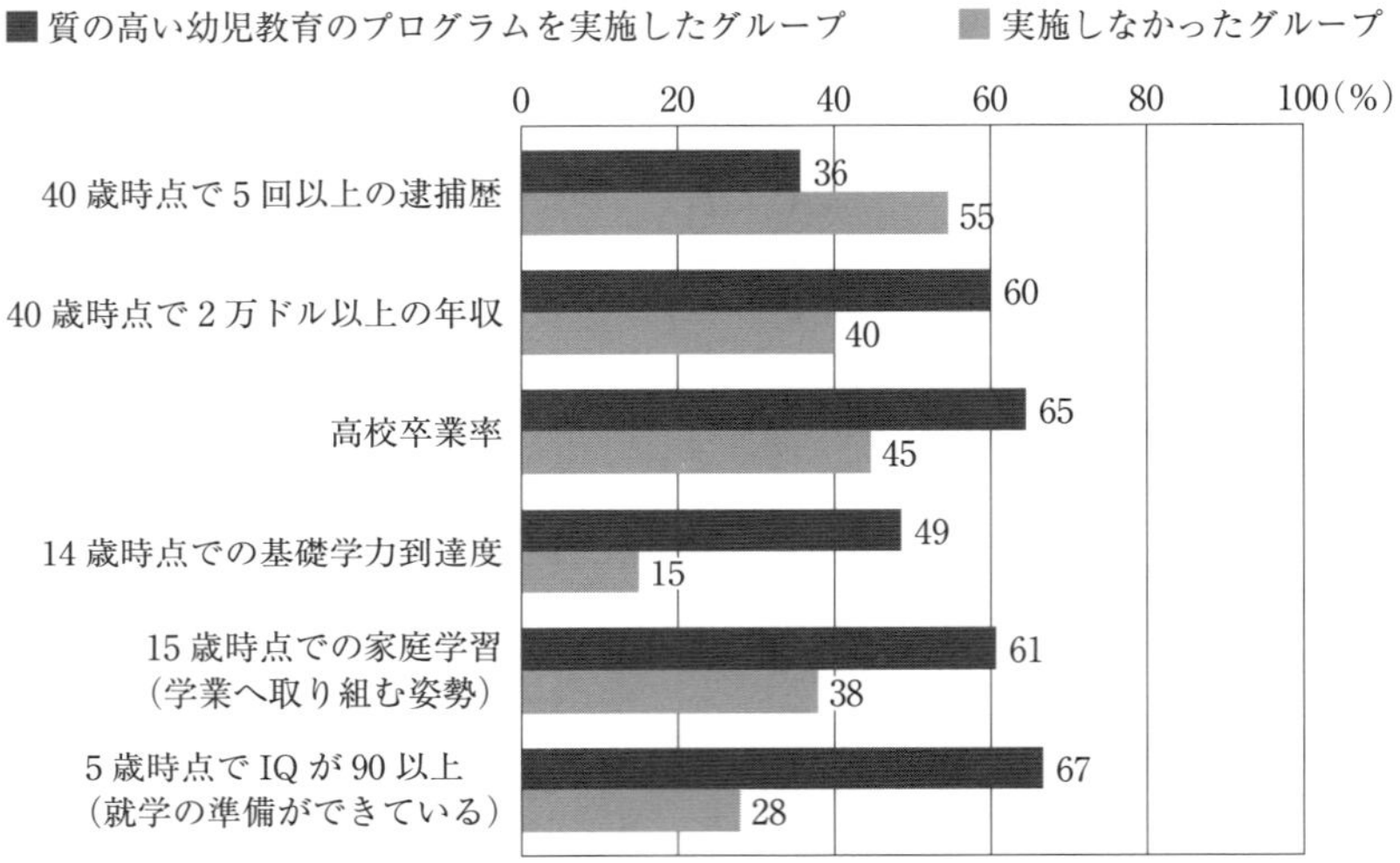


出典：The High/Scope Perry Preschool Study Through Age at 40: Summary, Conclusions, and Frequently Asked Questions, by Lawrence J. Schweinhart.

**図 2-1　ペリー・プリスクール・プロジェクトの主な調査結果**

ことです。家庭訪問では、教師は親とのパートナーシップを重視してコミュニケーションをとりました。子どもの教育と子育て支援がセットで行われていたということです。

家庭での親の関わり方が子どもの発達に大きな影響を与えることは、アメリカ国立小児保健・人間発達研究所の長期追跡研究[1]でも明らかになっていますが、このような子育て支援の活動が、特に貧困地域の家庭と子どもたちに大きな影響を与えたことは容易に想像できます。

**非認知能力を育む教育**

このペリー・プリスクールの教育手法は、特殊な知育などではありませんでした。

"The High/Scope Perry Preschool Study

Through Age 40" のQ&Aには、High/Scopeモデルと他の二つの教育モデルの興味深い比較研究が紹介されています。この研究は、一九六七年から始められ、貧困家庭に生まれた六八人の子どもを、三〜四歳の年齢で三つの異なるカリキュラムモデルの教育に参加させ、追跡調査を行いました。週五日×二時間半の教育時間で、家庭訪問を行うなど、カリキュラムモデル以外の条件は同じになるように設定されました。三つのモデルとは、次のようなものでした。

①High/Scope model（ハイ・スコープモデル）：子ども自身が自分の活動を計画し、実行し、振り返ることができるように教師が保育環境や日課の準備をし、また、大小のグループに参加して個人的な発達にとって重要な体験ができるように助ける教育手法。ペリー・プリスクールで用いられたモデル。

②Traditional Nursery School model（伝統的保育モデル）：ゆるやかに構造化された、社会的に支援されるような環境の中で、子どもが自ら取り組む遊びに教師が関わる教育手法。

③Direct Instruction model（直接的指導モデル）：教師が計画にそって直接、学力を上げる指導をし、教師の質問に対して正解した子どもをほめる形で進める教育手法。

一〇歳時点の追跡調査では、③のグループが他のグループよりもＩＱで高い値を示しましたが、その後の学校教育での到達度は三つのグループに大きな違いはありませんでした。一方、二三歳時点の追跡調査では、情緒障害や学校での問題行動、逮捕歴、ボランティア経験、学歴などいくつもの社会的行動に関する指標で、③のグループは①②のグループよりも劣る値を示しました。

この研究の締めくくりには、③は学校教育への準備としては近道であるように見えるが、この学力の一時的な向上は、長期的な観点からの社会性の発達を犠牲にしているように見えると述べられています。

ヘックマン教授は、このような研究成果をふまえ、人間の能力を認知能力と非認知能力に分け、非認知能力の重要性について注意を促しています。認知能力・非認知能力とは、次のようなものです。

認知能力：知能指数、学力など、計測可能な力

非認知能力：やり抜く力、意欲、自制心、協調性、社交性、自尊心など

地球上では人類だけが、このような複雑な分業社会をつくり得たわけですが、非認知能力は集団の中で役割を果たしていくために必要とされる基礎的な能力であり、人間社会を生き抜いていく上で土台となる力であるともいえます。これらの力をつなぐのは、自分を信じる力、他人を信じる力かもしれません。

ヘックマン教授は、これを幼児期に培われなければならないものと述べています。

日本の保育園・幼稚園のカリキュラムはどうでしょうか。

保育所保育指針[2]や幼稚園教育要領では、子どもの主体的な活動、遊びを通した教育をすること

が明記されています。前述の三つのカリキュラムモデルに当てはめるとすると、②になるのかもしれません。

ペリー・プリスクールのHigh/Scopeモデルも、保育所保育指針・幼稚園教育要領も、子どもの主体的・自発的な活動を重視していることに注目する必要があります。前述の三つのカリキュラムモデルの比較もそうですが、さまざまな発達心理学、幼児教育に関する知見は、この時期の教育手法についてほぼ同じ結論を出しています。乳幼児の心の発達においては、自己の確立がまず重要であり、それを土台に社会性の発達が成り立つと考えられています。これらは、子ども自身が安心できる環境で生き生きと活動し、大人や仲間と豊かに関わり合う中で育まれるものです。

ここで強調したいのは、子どもにとって、そして私たちの社会全体にとっても、保育園や幼稚園などの保育施設で行われる教育は非常に重要な意味をもっているということです。しかも、それは小学校以降の学力を先取りしようとするものではなく、もっと人間としての土台を築くような子どもを主体とした教育でなければなりません。

実際の日本の保育園・幼稚園が、保育所保育指針や幼稚園教育要領の理念を十分に実践できているかというと疑問が残りますが、十分に実践されるように質を高めていく必要があります。

待機児童対策について議論される場では、ともすれば「保育園は、親が働く間、子どもを預ける場所」としか捉えられていませんが、この時期の子どもが育つ場には、教育としての質が求められているということを忘れないでほしいと思います。

少子高齢化対策、男女共同参画施策、貧困対策、教育。これらすべての施策にとって、保育園の役割は大きく、社会のインフラとして機能することが求められています。

## 注

（1）一九九一年、アメリカ国立小児保健・人間発達研究所（NICHD）は、一〇〇〇人を超える新生児の参加を得て、四歳半になるまでの発達等に関する追跡調査を開始した。この調査の結果、母親による養育を受けた子どもと母親以外による養育を受けた子どもの間には、発達への影響に差は見られなかった。一方、保育施設の質や保育時間の長さは、子どもの発達にある程度の影響を与えていることがわかった。さらに、親や家庭の特徴は、子どもの発達に強い影響を与えていることがわかった。特に、母親が子どもに対して感受性豊かで応答性に富み、子どもをよく観察して、知的な働きかけをしているほど、子どもの発達によい影響があったとしている。

（2）保育所保育指針は、幼稚園の幼稚園教育要領、幼保連携型認定こども園の幼保連携型認定こども園教育・保育要領と並んで、就学前児童に対する保育について行うべき内容の基準を示した告示。学校における学習指導要領に値するが、就学前教育は遊びを通して行うため、科目や時間数などの示し方はされていない。保育所は子どもの生活の場であり、児童福祉施設でもあることから、保育所保育指針では、教育と養護（生命の保持、情緒の安定）を一体的に行うのが保育所保育であると定義している。教育については、幼稚園教育要領等と共通した内容になっており、五領域（健康、人間関係、環境、言葉、表現）のねらいをもつ、全人格教育がめざされている。

# 第3章　「質」は後回しにはできない

## 「量」が優先された二〇年

二〇年以上前から国は両立支援の旗を振り、認可保育園などの拡充に力を入れてきました。結果を見ると、「拡」はされたけれど「充」はされていないというのが、正確な表現かもしれません。「保育園を増やす」と言いながら、施設を増やさないで子どもを詰め込む、あるいは、増やすけれどもお金はかけないことに知恵をしぼってきた二〇年間になっているような気がします。

次ページからの**表3-1**には、この二〇年間の保育制度の変遷を、特に子どもに影響の大きい基準関係を中心に集約してみました。

全体の流れをおおざっぱに言うと、

①量の拡大のために子どもの保育環境（定員弾力化、保育室面積基準、園庭）を犠牲にする基準緩和が相次いで行われた。

②量の拡大のために保育制度が多様化され、さまざまな種類の保育施設が公費を受けられるようになった。

2003 年　保育士資格が法定化され，国家資格となる．

2004 年　公立保育所の運営費が一般財源化される(2003 年 12 月に急遽決定)．

○「福祉サービス第三者評価ガイドライン(保育所)」(社会援護局)が発表される．

2006 年　認定こども園法が成立し，制度開始．

2007 年　少子化対策特別部会の検討始まる(子ども・子育て支援新制度につながる)．

2008 年　公立保育所の運営費一般財源化後，民営化が進み，この年の 4 月に民間保育所の数が公立保育所を上回る．

2010 年　3 歳以上児の給食の外部搬入を認める省令改正．

○定員弾力化は年度当初から 25% まで制限なしでできるようになる．

2011 年　児童福祉施設最低基準(保育所等の最低基準)を都道府県の条例で定めてもよいこととする地方分権改革一括法が公布される．職員の資格・配置基準，保育室面積の基準は国に「従うべき」基準とされた．

2012 年　保育所の面積基準について，自治体が国の基準を下回る基準を設けることが時限的に容認される(地方分権一括法附則第 4 条)．期間は 2015 年 3 月末(平成 26 年度末)まで．

○子ども・子育て支援法，改正認定こども園法，改正児童福祉法が成立し，子ども・子育て支援新制度が 2015 年度より開始することになる．

○全国の公立保育所の保育士の半数が非正規雇用であることがわかる(全国保育協議会調査)．

2014 年　子ども・子育て支援新制度に盛り込まれた 3 歳児の保育士配置基準を 15 対 1 とする質の改善策が見送られ，15 対 1 配置の保育所等への補助金制度になる．

2015 年　子ども・子育て支援新制度が開始される．小規模保育の B 型では，配置基準の保育者のうち，保育士の有資格者は半数でよいことになる．

2016 年　国が認可外に補助金を出す企業主導型事業所内保育所の制度が開始される．基準は小規模保育 B 型と同様．事業所が直接設置するもののほかに，認可外保育施設が法人契約で運営するものも認められる．

2017 年　3 歳未満児を対象に制度化された小規模保育に 5 歳児までの定員を設けることを特区で認めることが決定．

**表 3-1　制度改変の歴史――認可保育園の基準に関するできごとを中心に**

1997 年　横浜市が認可外保育施設を助成する制度を開始(横浜保育室).

1998 年　改正児童福祉法が施行. 0 歳児保育の一般化に伴い, 0 歳児の面積基準が 1 人 5 $m^2$ から 3.3 $m^2$ に緩和(0・1 歳児 1 人につき乳児室 1.65 $m^2$ またはほふく室 3.3 $m^2$. 後に自分で動ける子どもは 3.3 $m^2$ という国の解釈が通知される).

○短時間勤務の保育士の導入を可とし, 保育士定数の 2 割までとする.

○定員を 25% まで超えて子どもを受け入れてもよいとする定員弾力化を限定的に認める(育児休業中の上の子の再入園, きょうだい同園とするための入園に限る).

○給食調理の業務委託が可となる.

1999 年　東京都の民間保育園職員の処遇改善策だった「公私格差是正補助金」が「民間社会福祉サービス推進費」に移行される.

2000 年　企業・NPO 等による設置・認可が認められる(以前は社会福祉法人・学校法人などに限られていた).

○土地・建物の自己保有の規制がはずれ, 賃貸施設も可となる.

○最低の定員数が 30 人以上から 20 人以上に引き下げられる.

2001 年　認可外保育施設の指導監督の指針が策定され, 改善指導や事業停止命令などの手順が明確になる.

○短時間勤務の保育士の導入の要件が, 年度途中に限り緩和される.

○公立保育園の業務委託は, 株式会社・NPO も可とする通知が出される.

○屋外遊技場は近くの公園等で代えても差し支えないとの通知が出される.

○定員を 25% まで超えて受け入れる定員弾力化の要件について, 10 月以降は不要とする通知が出される.

○東京都が認可外保育施設を助成する制度を開始(認証保育所).

○待機児童数の定義が変わり, 自治体が助成する認可外保育施設を利用する児童は含めないことになる.

2002 年　短時間勤務の保育士の割合による制限をなくし, 1 クラスに常勤 1 名以上などの条件に変わる.

○児童福祉施設第三者評価事業が開始.

③保育士の負担増になるような制度改変が多く、保育士の処遇改善にも悪影響を与えた。
④公立よりも民間立の保育園を増やす政策がとられた。

これらのすべてが悪かったとは思いません。制度を柔軟にして多様性をもたせることは、保育の質の向上のためによい面もあったと思います。しかし現在、保育を軽視してきたことのツケが回って、行政も保護者も子どもも苦しんでいる事実があります。

**早すぎた「詰め込み」**

**表3‐1**の一九九八年の欄には、最初の定員弾力化が行われ、育児休業中の上の子の再入園、きょうだい同園とするための入園に限って、定員を超えて入園させることを認められたことが書かれています。年度途中にどうしても入園できないと困るという家庭の子どもを受け入れるために定員を弾力化するというのは、よい考えのように思われます。

定員を上回っても、即、面積基準違反になるわけではありません。そもそも認可保育園の面積基準は狭すぎる基準であり、「最低基準」として示されてきたものです。そのため、かつての認可保育園は公私立ともに子どもの活動に配慮し、最低基準を上回る面積でゆとりをもってつくられていました。そのゆとりを、年度途中入園に活用することにしたわけです。

ところが、これが自治体をミスリードします。待機児童を既存の保育園に定員超過で受け入れていくことで、その分、保育園を増やさないで待機児童対策ができたからです。定員弾力化の基準はどんどん緩くなり、二〇一〇年からは年度当初からいきなり一二五％超えで受け入れてもよいことになりました。これの効果は大きく、自治体は定員弾力化をめいっぱい活用するようになりました。

そのうち、ビルのフロア借りなど賃貸物件による保育園設置がふえると、事業者の間でフロア面積を最低基準で割って定員を決めるというやり方がされるようになりました。通常、営利事業を展開する場合は、賃料などのコストと予想される売上を計算し、利益が最大化するように事業を計画します。認可保育園の場合は自治体から受ける給付費が売上の中心で、それは子どもの数で増減するので、最大限受け入れられる人数を定員に設定するというのは、営利事業者にとって当然の考え方といえます。

しかし、かつての公私立の認可保育園が最低基準以上の保育環境を整えてきたのは、子どものために必要だという考え方がされてきたからでした。保育室面積の基準を定めた「児童福祉施設の設備及び運営に関する基準」にも、こんなことが書いてあります。

- 厚生労働大臣は、設備運営基準を常に向上させるように努めるものとする。（第一条三項）
- 都道府県知事は、（中略）その監督に属する児童福祉施設に対し、最低基準を超えて、その設備及び運営を向上させるように勧告することができる。②都道府県は、最低基準を常に向上させるように努めるものとする。（第三条一項、二項）

・児童福祉施設は、最低基準を超えて、常に、その設備及び運営を向上させなければならない。②最低基準を超えて、設備を有し、又は運営をしている児童福祉施設においては、最低基準を理由として、その設備又は運営を低下させてはならない。（第四条一項、二項）

この基準は、戦後間もないころ、保育に十分にお金をかけられない社会状況に配慮して定められたものでした。これを定めた人たちは、日本が豊かになれば、この基準を向上させてくれると信じていたと思います。ところが、そうはなりませんでした。

さて、話を元に戻します。定員弾力化でゆとりのスペースを食い尽くすと、次は基準そのものの切り下げが始まりました。定員弾力化を最大緩和した翌々年の二〇一二年には、待機児童の多い自治体は時限的に国の面積基準を下回る基準を設けてもよいことになりました。

この基準の緩和は、保育をよく知る人から見れば、無謀な緩和です。きゅうくつなスペースでの保育は、子ども同士のトラブルもふえるし、子どもの発達（教育）の観点からも望ましくないからです。

現場の意見を吸い上げている市区町村は、実際にはこの緩和を受け入れませんでした。「保育園を考える親の会」の調査では、緩和の対象となった自治体のうち東京都や埼玉県の市区では緩和が行われていません（二〇一七年四月現在）。一方、「全年齢一人当たり一・六五㎡」という大幅な緩和を実施したのは大阪市。神奈川県でもいくつかの市が〇歳児と一歳児の面積基準を低く設定しました。

その後も、保育園の基準を解体しようとする議論は後を絶ちません。

もしも、二〇年前にこのような緩和を始めないで、待機児童のための保育園をまじめにつくっていたら、こんなことにはならなかったはずです。そして今、ゆとりをもって整備されてきた各保育園で二五％の定員弾力化ができていたら、どんなによかったでしょう。

行政改革が並行していたこともありますが、ケチケチ作戦が今日の状況を招いたと思います。

## 保育士不足という危機

ケチケチ作戦のツケは面積だけではありません。今、日本中がかつてない保育士不足にあえいでいます。

保育士は、「小学生のなりたい職業ランキング」などで女子部門のトップに入る人気職業です。ところが、その保育士のなり手がいなくて、二〇一七年度にはゼロ歳児保育が実施できなくなった認可保育園も出てしまいました。

厚生労働省の二〇一五年の調べによると、保育所等で働く保育士は約四三万人。一方、保育士資格をもっているのに保育所などの現場で働いていない「潜在保育士」が七六万人はいると見込まれています。この人たちが現場に入ってくれたら、保育士不足は一気に解消するはずです。そこで、ハローワーク登録の保育士資格保有者に保育士として働かない理由を聞いたところ、**図**

3-1ように「賃金が希望と合わない」という回答がトップにきました。東京都が、現場に入っている保育士に改善してほしい事柄を聞いた調査でも、待遇に関する選択肢が一位になっています（図3-2）。

保育士の待遇はそんなに低いのでしょうか。

平成二八年度賃金構造基本統計調査で年収（賞与込み）の比較をしたところ、全産業平均四九〇万円に対して保育士の平均は三二七万円と一〇〇万円以上の差があり、女性の全産業平均三七六万円と比べても約五〇万円の差がありました。

認可保育園等の運営費は、国が決めた単価に基づき、在園児数などから計算された額が施設に給付されます。その大もとの計算で保育士の給料が低く見積もられているために、全体の水準が低くなっているのです。さらに、給付される運営費から事業者が利益をとりすぎても、保育士の給料が安くなってしまいます。ちなみに、以前の社会福祉法人では人件費率が八〇％程度を占めていましたが、今は七〇％程度のところも多く見られます。株式会社では、これが五〇〜六〇％になっています。施設会計の開示を義務づける必要がありそうです。

このような事態になって、国はようやく保育士の待遇改善策に乗り出しました。二〇一七年二月に発表されたプランでは、全体で二％（月額で約六〇〇〇円）のベースアップをした上で、経験年数七年以上の保育士に月額四万円、経験年数三年以上の保育士に月額五〇〇〇円のキャリアアップ加算をすることになりました（研修受講が要件、人数に制限あり、施設によって調整可）。保育士不

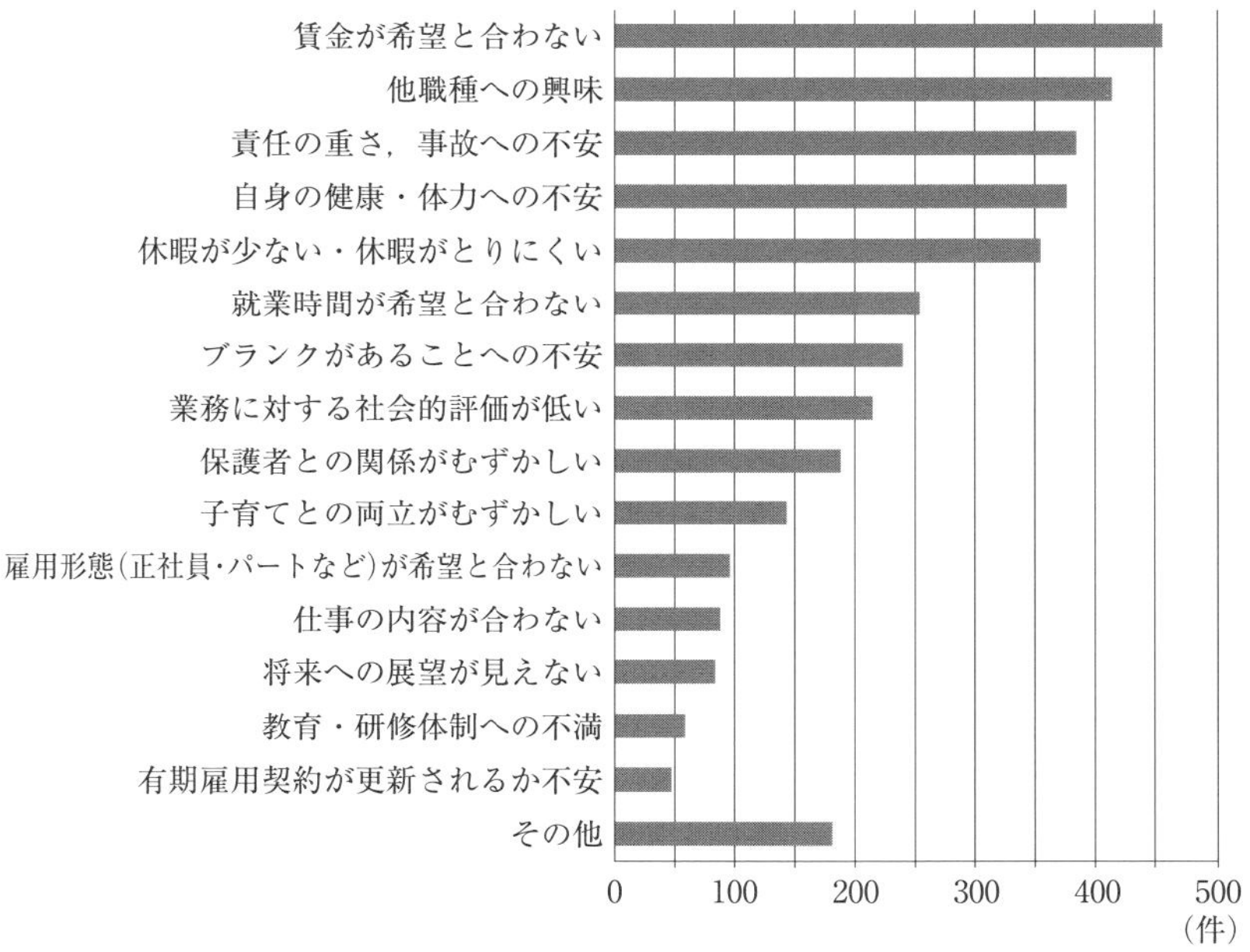


注：厚生労働省調べ．2013年5月に待機児童が多い地域のハローワークで，保育士資格をもつ求職者を無作為抽出して調査したもの．

**図3-1　保育士が保育士として就業を希望しない理由(回収総数958件)**

足が最も深刻な東京都の小池百合子知事も、独自の給与補助を従来よりも二万一〇〇〇円アップ（月額）すると発表しました。

このような待遇改善をもっともっと重ねて、他の職種と遜色《そんしょく》のない待遇を一日も早く実現することが必要です。せっかく保育士養成課程を卒業した人材が、待遇を比較検討した結果、一般企業等に就職してしまうケースも多くなっているからです。保育士としての資質が高い人が現場に入ってくれないようでは、保育の質の向上は望めません。

保育士資格がなくても保育者として優秀な人はいるからと、保育

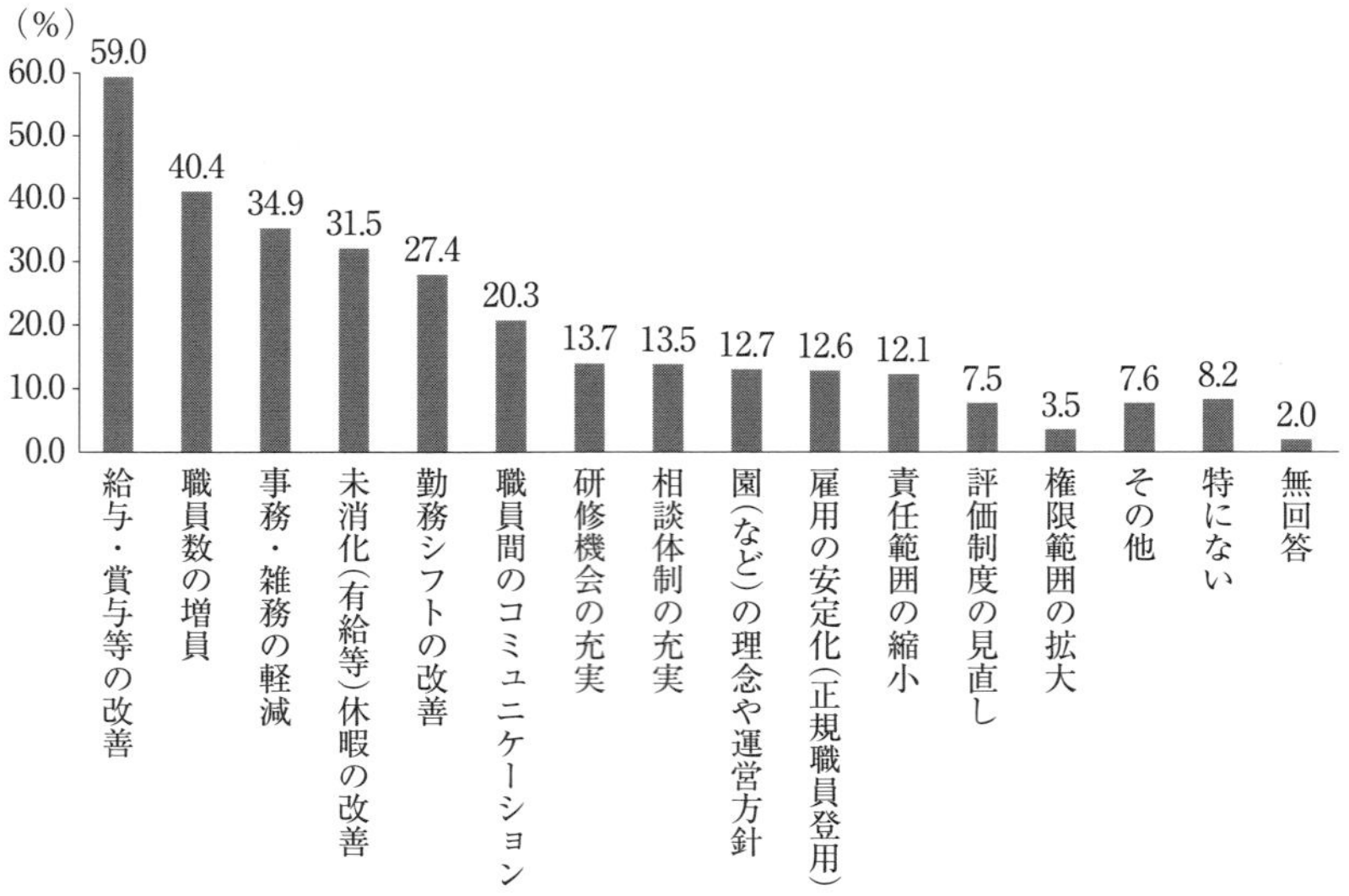


就業している保育士における現在の職場の改善希望としては，「給与・賞与等の改善」が約6割(59.0%)で圧倒的に高い．次いで「職員数の増員」(40.4%)，「事務・雑務の軽減」(34.9%)，「未消化(有給等)休暇の改善」(31.5%)など，労働条件や職場への不満の高さが見られる．

注：1) 平成20年4月から平成25年3月までの，東京都保育士登録者で現在保育士として働いている者(正規職員，有期契約職員フルタイム及びパートタイムを含む)を対象．
2)「現在の職場に対して日ごろあなたが改善してほしいと思っている事柄はありますか」(複数回答あり)との質問に対する回答．

出典：東京都福祉保健局「東京都保育士実態調査報告書」(平成26年3月)

**図3-2　保育士における現在の職場の改善希望状況**

士資格に関する基準を緩めようとする議論もありますが、それは本末転倒です。どの資格職領域にも、劣った有資格者、優秀な無資格者がいると思いますが、だからといってその資格は無用だということにはならないと思います。資格には、入り口のところで一定の専門知識や技量を目安に適格者を一定程度選別するという機能と、その後も資格職としての使命や倫理観、向かうべき方向性を明示して資質の向上を促すという機能があると思います。

保育士資格は、養成校卒業、試験合格など複数の方法で取得が可能ですが、試験合格者は、実習などの現場経験を経ないまま資格がとれてしまうなど、その取得過程には改善の余地があると思います。それでも、資格が不要ということにはなりません。

子どもにとって、保育士は最も重要な「環境」です。保育士の設定する保育環境の中で、保育士その人からの関わりによる大きな影響を受けながら、子どもは一日の大半を過ごします。保育士は、単に「オムツを替える人」ではなく、子どもの人格形成を支える教育者なのです。

## 悲しい事故

二〇一六年三月一一日、東京都中央区の認可外保育施設「キッズスクウェア日本橋室町」で、甲斐賢人くん（一歳二カ月）が亡くなりました。入園して間もない一五日目のことでした。

「東京都教育・保育施設等における重大事故の再発防止のための事後的検証委員会報告書」（二〇一七年三月八日）によれば、賢人くんは、午睡中に起きて泣くことがあるからと、他の子どもとは分けて一人別室で寝かされていたということです。寝かしつけられてから約二時間半後、起こそうとした職員が異常に気づいたときには、すでに亡くなってから相当な時間が経過していました。

保育施設では、午睡中に「うつぶせ寝」で寝ていた子どもが死亡する事故が繰り返し起こっています。SIDS（乳幼児突然死症候群）と診断される場合が稀《まれ》にありますが、SIDSは「うつぶせ寝」のときに発生率が高く、そもそもSIDS自体が原因不明の病気とされていることから、実際には窒息死であるケースも多いのではないかという意見もあります。

厚生労働省は、家庭や保育施設に「仰向け寝」を勧めており、保育施設の〇歳児・一歳児の午睡では、「うつぶせ寝にしない」「うつぶせ寝になってしまう場合も寝入ったら仰向けにする」「決まった時間ごとに呼吸・顔色をチェックする」などの対策がとられるようになっています。

しかし、この施設では、保育経験三年三カ月の施設長が、無資格の非常勤職員に、賢人くんを別室で「うつぶせ寝」で寝かすように指示し、賢人くんが寝付いたあとは、別の用事を命じたということで、約二時間半もの間、通りすがりに賢人くんが視界に入った職員はいたものの、顔色や呼吸を確認した職員はいませんでした。

なぜ絶対にやってはいけないことが、施設長の指示でされてしまったのか。前出の「検証委員会報告書」も、次のように指摘しています。

法人本部による園のサポート体制や職員の専門性の向上を支える体制が不十分である中で、

・経験の少ない職員構成
・園職員だけの閉じられた中で工夫して対応せざるを得なかった状況であったこと
・職員が特に担当を決めずに全園児にかかわるという体制
・低年齢児に対しては午睡対応も含めて丁寧さに丁寧さを重ねて保育をしなければならないという共通認識やリスクの意識の薄さ
・入所後まもない当該児を集団から外して別室に寝かせる対応を園の方針とし、別室にいる当該児の様子を把握する体制が無かったこと
・ＳＩＤＳや窒息のリスクに関する知識、応急処置に関する知識・経験不足

などの問題点や課題が見られた。

施設長の保育経験の少なさも驚きですが、他の常勤職員も当該園での勤務実績が一～三年、保育経験が一～四年程度、非常勤の職員は無資格で系列園を行き来するような勤務でした。保育者の経験が浅く、頻繁に入れ替わるような体制では、保育者が子ども一人ひとりを理解してかかわる技術もマインドも育たず、保育者同士の連携体制も成立しません。連携体制がないと、保育士の一人ひとりの負担は大きくなり、ますます質を高めにくくなります。

私が賢人くんのお母さんから直接お聞きした話にも、こんな内容がありました。

お母さんが慣らし保育のために送って行ったときのことです。玄関横の窓から見ていたら、賢人くんが泣いてもそばにいた保育者に抱っこしてもらえず、別の保育士のところへハイハイしていっても無視され、目に手を当てて一人泣き続ける姿を見て、お母さんはたまらず電話をかけたというのです。登園から二五分くらいの間だったといいますが、保育士たちは手がふさがっていたわけではなく、荷物をチェックしたり連絡ノートを見たりしていて、誰も泣いている賢人くんに手を差し伸べず、声もかけなかったと言います。

こんな日常が繰り返されていたのだとしたら、それは子どもの心を豊かに育む保育とはかけ離れたものです。「検証委員会報告書」は、ていねいな保育の重要性について、次のように書いています。

乳児から二歳児までは、他者との関わりを初めて持ち、その中で自我が形成されるなど、子どもの心身の発達にとって極めて重要な時期である。特に人見知りを始める一歳前後の時期においては、家庭での生活から集団生活への変化に対し特にデリケートであることから、例えば、児童と保護者と職員のかかわりによる丁寧な慣れ保育から始まり、日々の保育のあらゆる場面で丁寧な保育を徹底しなければならない。

そして、〇、一、二歳児の保育において、子どもの発達過程おいては、何よりも、常に特定の保育従事職員、大人との親密な関係、安心してその人に身も心もゆだねることができる愛着関係を形成しなければならない。そのためには、保育士等と子どもとの継続的な関係を構築すると同時に、保護者との密接な信頼関係を構築し、子ども一人一人の置かれている状態や発達過程を的確に把握し、家庭での生活の連続性を確保することが重要である。

このような認識の欠如が、日常の保育の質を低下させ、悲しい事故の伏線となりました。こうした事故を繰り返さないためには、特定の保育士と子どもの関係を深める担当制の導入、保育士が専門性を高め経験を積むことができる育成環境の実現、入れ替わりが少ない職員集団の保持、窒息やＳＩＤＳなどのリスクを防止する研修の実施、保育事業者に対して質の向上の必要性を理解してもらう啓発、自治体の施設への監査・指導・支援の強化などなど、やるべき多くのことが考えられます。

賢人くんも待機児童でした。保育の量を増やさなければならないのはもちろんですが、そのために保育の質を切り下げては意味がなくなってしまいます。

子どもたちは、今このときも、保育施設で育っています。保育の質の向上は、子どもの育つ権利の保障であることを、大人は心に刻む必要があります。

# 第4章　「安心して産み育てられる社会」へ

## 子どもへの視点は大丈夫か？

子どもが保育を受ける権利、幼児教育の費用対効果分析、非認知能力に関する研究、「詰め込み」保育、保育士不足、保育事故の検証と、保育の意義や保育の質を左右する問題について考えてきました。

保育の質とは、子どもの命を守るだけではなく、その発達を支え促すものです。子どもが健やかに、心豊かに育つことは、その社会の未来をつくることでもあるはずです。その視点が、保育施策を決定する自治体や国の政治家や行政の人々にどの程度もたれているのかが疑問です。

**図4-1**は、保育園を考える親の会の調査冊子「一〇〇都市保育力充実度チェック」がとらえた、都内の有効回答四四市区の認可保育園の園庭保有率です。特に、都心部で園庭が少なくなっていることがわかります。

園庭がなくても、命を守る保育はできます。近くによい公園があれば、毎日散歩に行くことで、園庭がないことのデメリットは補えます。それでも、園庭があれば、いつでもすぐに外に出られる、安全な砂場遊びができる、夏の水遊びも安全にできる、食育につなげる栽培もできるなど、

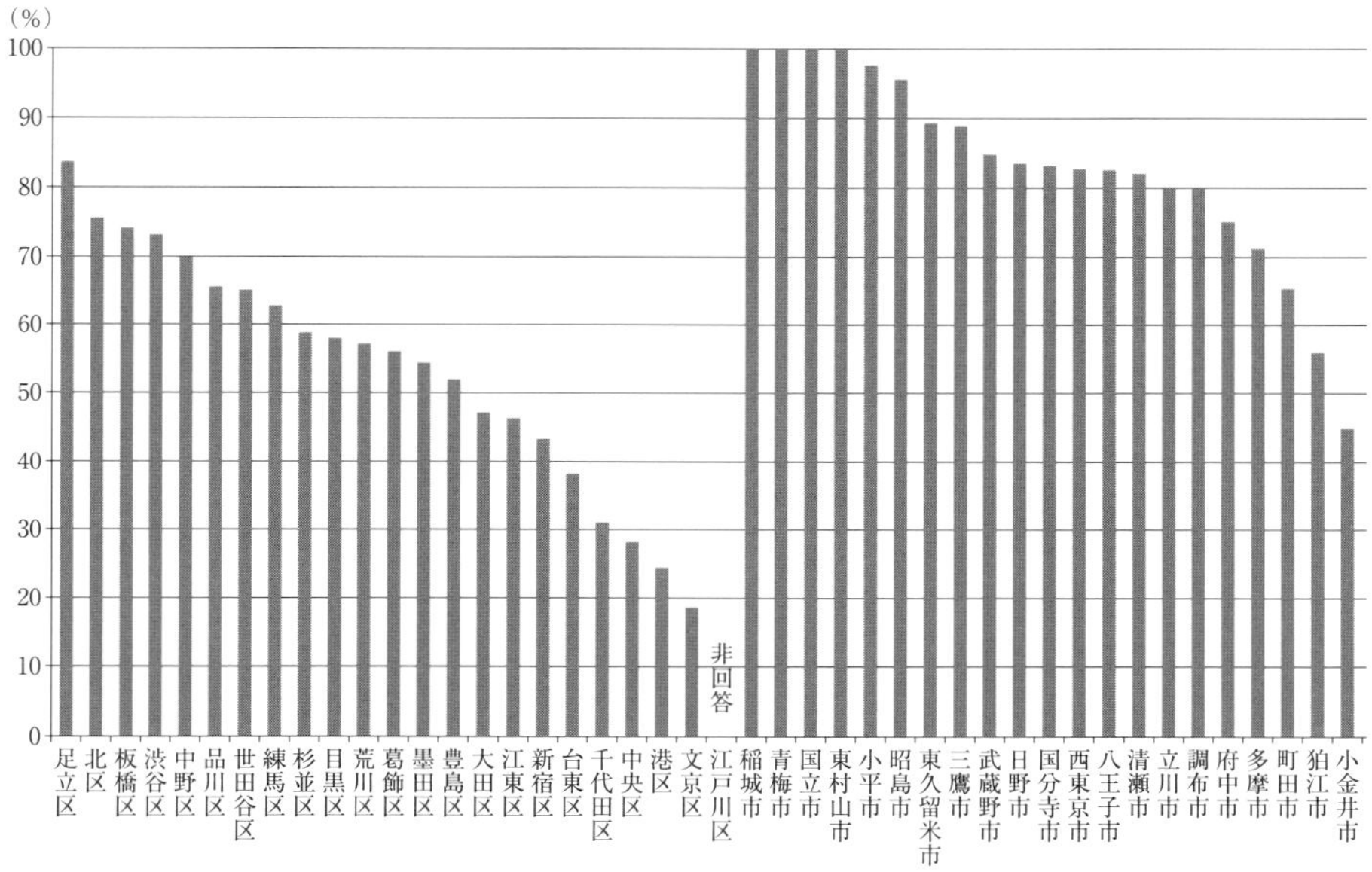


注：都下は調査対象となっていない市もある.
出典：保育園を考える親の会「100 都市保育力充実度チェック」2017 年度版より作成.

**図 4-1　東京都 44 市区の園庭保有率（2017 年 4 月 1 日現在）**

保育内容をより豊かにでき、保育士の負担を軽減できるというメリットがあります。幼稚園は園庭を必ず設けなければならない基準になっています。

ある都下の市の小さな児童公園にいるとき、一時間足らずの間で七つもの保育施設がお散歩にきて驚いたことがあります。保育士は子どもが他のグループと混じってしまわないように一区画に固めるしかなく、子どもたちはほとんど自由に遊べませんでした。

都心部は土地が高いからしかたないと言われますが、その同じ地域で大人のためには広々としたアメニティ空間が開発されるのに、子どもには地面が与えられず、室内面積もどんどん狭くなっているという現状はどう考えたらいいのでしょう。東京オリンピック・パラリンピックに向けて都内では無数の道路・公共施設・商業施設などの整備が計画されています。海外からくるお客さんたちは東京の街の美しさに驚くでしょう。でもその中に、狭い保育室で十数時間も過ごしている子どもたちがいることを知ったらもっと驚くかもしれません。

### 子どもの発達と「保育の質」

乳幼児期は人格形成期と言われますが、そのことは最新の脳科学も証明しています。

神経系の発達はこの時期にもっとも著しく、子ども自身の体験に適応する形で、脳神経のつながりがつくられていき、同時に「刈り込み」により不要なつながりは減らされて、効率的な脳がつくられていくといいます。この発達は低次元のものから高次元のものへと進むので、子どもが人として自然に育つプロセスをしっかり踏みしめていくことが重要と考えられています。五感（視覚、聴覚、臭覚、味覚、触覚）への刺激、親や保育者の応答的なかかわり(1)、子どもが自ら体を動かし探索し試行錯誤する体験などが、認識力や感性を高め、基礎的な身体能力の獲得を促し、意欲や社会性の原点、つまり「自己」を確立できるように脳を発達させると考えられるのです。

三歳ごろになると、仲間とともにする生活やかかわり遊びの中で、言葉で相手に伝える、相手の言い分や気持ちを理解する、自分の感情をコントロールするなどの力が培われていきます。保育園や幼稚園での、力が等しい仲間とのぶつかりあいや相互理解の体験も、子どもが自然に社会性（非認知能力）を身につけていくための重要な環境と考えられています。そこに、保育者が介在し、遊びの環境を工夫したり、実際に子どもにかかわって遊びを促したり、子ども同士のコミュニケーションを助けたり、起こったことの振り返り（言語化や検証）をしたりするなどの重要な教育の営みを行うのであり、保育者の専門性が躍如とする場面です。そのためには、保育者に一人ひとりの子どもを理解するゆとりが必要です。

保育園が子どもの豊かな発達を支えるためには、

- 専門性と経験をもち、子ども一人ひとりの発達を理解し、そのニーズをとらえることのできる保育者

が必須であり、加えて、

- 子どもの十分で豊かな活動を保障する室内環境・戸外環境
- 子どもの発達に応じた運動量を確保できること
- 自然とふれあい、自然を感じることができること
- さまざまな遊びの素材（玩具、絵本、表現の道具や材料）が整えられること
- 発達に応じて適当な規模の子どもの集団があること
- 子どもの人格・主体性を尊重する保育理念があること

などが望まれます。

長い時間生活する保育園での人的・物理的な保育環境を疎《おろそ》かにすれば、そのツケを未来社会で払うことになるでしょう。いや、未来を待つまでもなく、今の子どもの育つ権利をしっかり保障することが、私たち大人の責任だと思います。

## 待機児童問題の先に希望は見えているか？

国と自治体は、この数年間、それなりに力を入れて待機児童対策を推し進めてきました。その状況を表したのが**図4-2**です。

今までにないスピードで保育の受け皿は拡大してきましたが、共働き化によるニーズ増がそれを上回り、待機児童対策は追いついていません。国が二〇一三年度に打ち出した「待機児童解消加速化プラン」は、二〇一七年度末で保育ニーズはピークを迎えるという予測のもと、五年間で四〇万人の受け皿拡大をして待機児童を解消するという計画を立てました。保育ニーズの増加が予測を上回ったため計画は修正・強化され、二〇一七年度末には六〇万人近くの受け皿増となる見込みですが、待機児童解消とはなりませんでした。

ただし、国も自治体も近いうちに、保育ニーズ増は頭打ちになると予測しています。女性の就業率はまだ伸びる見通しですが、親となる世代の人口が減少しているためです。

そのうち次々に、四月一日時点での待機児童数をゼロと宣言する自治体が現れるかもしれません。

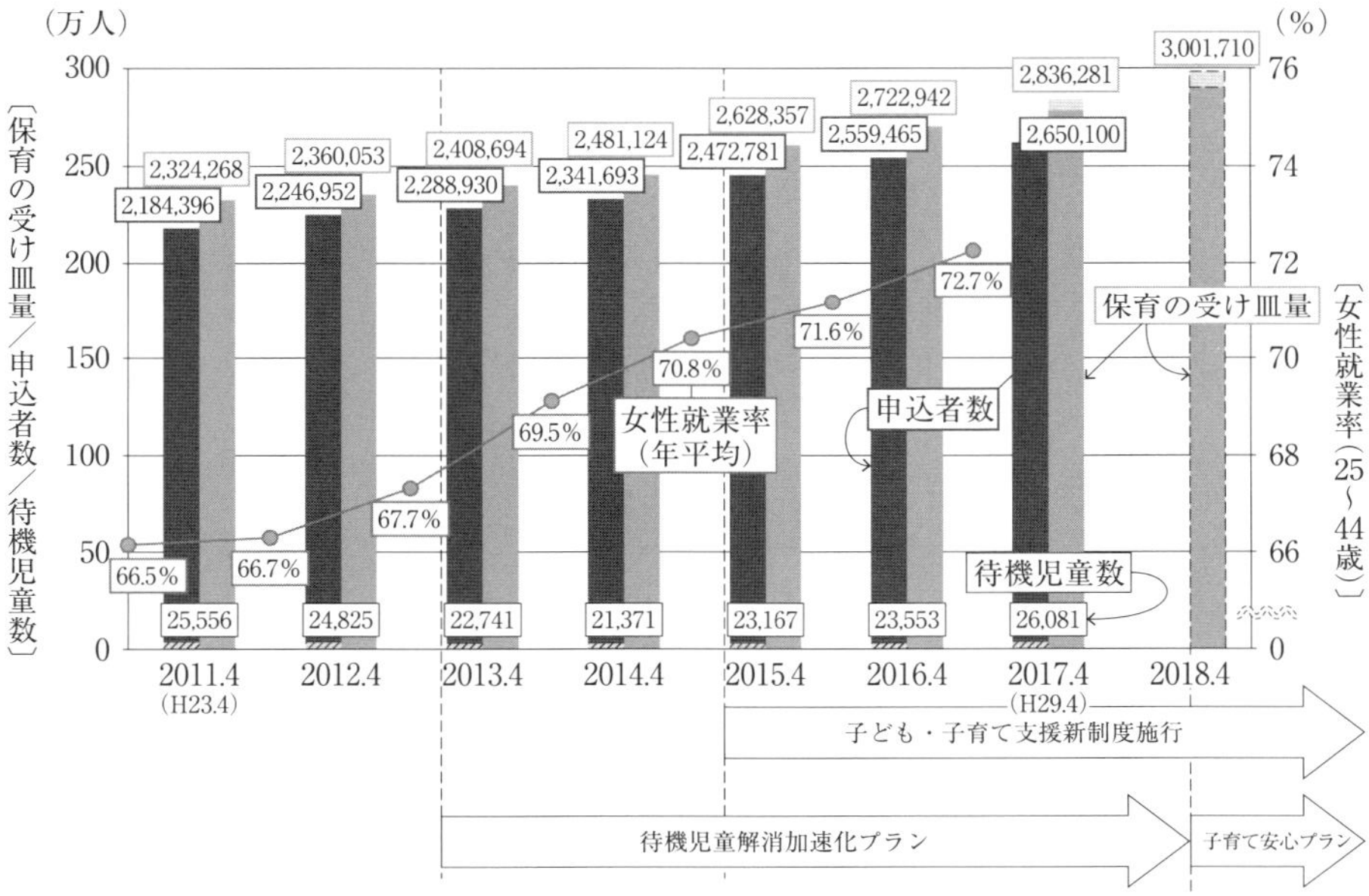


出典：2017年9月1日厚生労働省発表「保育所等関連状況取りまとめ(平成29年4月1日)」

**図4-2 「待機児童解消に向けた取り組みの状況について」**

でも、それは本当のゴールではありません。

まず、一〇ページに示したように待機児童数の数え方そのものに問題があることと、四月一日にゼロになっても年度途中に入れない状況が残ることが予測されるからです。子どもは、一二の月に散らばって生まれ、育児休業が明ける時期はさまざまです。今は、保育園に入れないからと、〇歳の四月に育児休業を切り上げて復帰する親が多いのですが、いつでも保育園に入れるなら、本当はもっとゆっくり育児休業をとりたい親は多いはずです。ちなみに、二〇一六年一〇月の待機児童数は四万七七三八人でしたが、これは同年四月の二万三五五三人を二万人以上上回っています。

次に、「詰め込み状態」の解消が必要です。「定員超え受け入れ」の弾力化で詰め込んだ分は元に戻す必要があります。現状に合わせてすでに定員を変更している施設が多いと思いますが、かつてゆとりをもって保育していた時代の定員に戻し、子どもの環境をよくしていくことが必要です。そうすれば、今度こそ「定員超え受け入れ」を活用して年度途中入園のゆとりを生み出すこともできるはずです。

面積基準も改善していくことが望まれます。スウェーデンのストックホルム市の面積基準は、三歳以上児一人当たり七・五㎡と、日本の三倍以上の面積になっています。狭い基準のままで「保育所は足りた」「余っている」ということになって、保育園が減らされてしまったりするのは困ります。待機児童が本当に解消した暁には、自治体にはぜひ競い合って面積基準を引き上げてほしいと思います。そのためには、子どものために良好な環境を実現する自治体が賞賛されるような文化が必要です。

## すべての子どもに保育を

待機児童問題が本当に解消し、子どもの「詰め込み」も改善されたら、その次に、多くの人が望むのは、保育の間口を大きくすることだと思います。

これは都市部の現状から遠い想像になりますが、希望する家庭は働いていなくても子どもを認可保育園等に入園させることができるようになったら、子育ての安心感は大きく広がるでしょう。

待機児童が少ない地域では、認可保育園が幼保連携型認定こども園に移行することがふえてきました。認可保育園の事業者も親が働いていない家庭の子どもを視野に入れ始めたということです。ただし、現行制度では認定こども園であっても三歳未満児や幼稚園時間を超える保育を希望する場合は、就労証明を出すなどして「保育の必要性の認定」を受けなければなりません。この制度を柔軟にして、認可保育園や認定こども園の三歳未満児クラスも、「保育の必要性に認定」なしで入れるようにするのです。あるいは、ゆとりのスペースや人員を活かして一時保育を拡大する形でもよいのかもしれません。

働いている親の子どもでさえ入れない現状からは想像できませんが、これが実現すれば、大きな子育て支援になることは間違いありません。在宅子育て家庭を孤立させないしくみ、子育てに課題をかかえる家庭が保育にアクセスしやすくするしくみは必要です。

現行の認可保育園の制度について、選別的な（対象を限定しているという意味）福祉の制度だから待機児童問題が解決しないと批判する人もいます。しかし、児童福祉施設である認可保育園は、所得に応じた保育料や、市町村が入園の利用調整を行うしくみによって、不利な状況にある家庭や子どもが保育を利用する権利を保障しています。待機児童がいなくなれば利用調整は不要になりますが、現行制度のように行政が関与して、児童福祉と教育の観点からの事業の公益性を守り、子どもの平等と保育の質を確保することが必要だと思います。その上で、対象を広げ、地域の必要とする家庭が容易につながれるようにできれば、最強の子育て支援装置として機能するはずです。

ちなみに、就学前学校による幼保一体化を実現しているスウェーデンでは、親が働いているかどうかにかかわらず、一歳から就学前までの子どもに就学前学校事業[2]を提供することが自治体(コミューン)に義務づけられています。実際に二〇一三年の数字で一～五歳の八四%が就学前学校に通っていました。就学前学校は公立(八割が利用)も民間(二割が利用)も財源は同じで国の教育省が管轄していますが、事業責任は自治体(コミューン)が担っており、行政の責任や関与が大きい点は日本の認可保育園の制度に似ています。保育料は、三歳以上の半日保育が無償化されていて、その他の部分の保育料にも低い上限が設けられ、不利な状況にある家庭や子どものアクセスを保障する制度になっています。

日本でもやがてスウェーデンのような施策が実現するのかもしれませんが、その場合は現行の認可保育園の制度がもっている児童福祉機能[3]を失わせないようにすることが、非常に重要になると思います。また、スウェーデンのように、子どもの保育を受ける権利を、教育を受ける権利と位置づけて保障し、その質を高めるという考え方はひとつの理想ですが、知識の獲得に重きを置く学校教育の手法は幼児期の発達になじまないという議論はスウェーデンにもあります。日本も、幼保一体化を進めたいのであれば、子どもの就学前教育のあり方についての国民的議論を深める必要がありそうです。

「すべての子どもに保育を」というと、「親の責任はどうした」という声が聞こえてきそうです。もちろん親は子どもの養育に第一義的な責任を負っています。しかし、ここまで見てきたように、私たちの社会は、親が子育てをしていく上で保育や子育て支援によって援助されることが必要な社会になっているのです。そして、その質を高めていくことが、子どものため、未来社会のために求められます。

表裏の問題になりますが、働き方の改革も並行しなければなりません。これからは会社に籍を置きながら在宅勤務という働き方もふえてくるはずです。男女ともに、育児休業や短時間勤務、在宅勤務などを活かした柔軟な働き方ができるようになれば、それぞれの家庭・子ども・仕事の事情に合わせたフレキシブルな両立が可能になります。

ワーク・ライフ・バランスによって全体の労働時間を短くすることは急務です。残業などによる保育の長時間利用が減らせれば、その分の力を保育の間口の拡大に振り向けられるでしょう。働く人々がプライベートの生活や地域での生活に時間を割けるようになれば、地域や保育園・幼稚園、学校などの問題をもっと当事者間で考え協力し合うことができるのではないでしょうか。

## 保育園は子ども・親・社会のもの

「保育園は誰のものか?」という問いの答えは、もうおわかりかと思います。

保育園は、子どもが健やかに育つために必要とするもの、親が安心して生活し子育てをするために必要とするもの、社会が次世代を育み持続可能になるために必要とするものです。社会の必要性の中には、先進国として恥ずかしくない男女平等の社会を築き、社会保障制度を持続させ、経済も豊かにしたい国としての必要性、育児休業中の社員の復帰を確保し、将来の消費者を育てたい企業の必要性、多層な世代で成り立ち活力を保ちたい地域の必要性も含まれています。

ただし、子ども自身が安心して楽しく通える保育園でなければ、その育ちを保障することはできません。保育園を必死に整備したけれど、質が低く、子どもの心身の発達に悪影響を与えていたというのでは意味がないのです。

このことをしっかり認識し、あるべき保育の姿を議論していく必要があると思います。

## 注

（1）応答的なかかわりとは、子どもの言葉を受け止め、やさしく答えるようなかかわり方。言葉を話せない乳児の泣きや喃語、指差しなどにも、子どもの気持ちを察して言葉を返したりスキンシップしたりすることも含まれる。

（2）スウェーデンでは、一～五歳児においては就学前学校への就学が八割以上となっているが、就学前学校事業には、就学前学校のほかに教育学的子どもケア、オープン保育室、一時預かり保育などの事業がある。

（3）認可保育園は児童福祉施設として位置づけられ、保育料は家計に配慮して応能負担（所得に応じた負担）になっているほか、大半の施設で障害児保育が行われ、市町村による利用調整では、ひとり親家庭・障害のある子ども・養育困難家庭などが優先されることになっている（現在は待機児童が多いため、十分に機能していない）。養育困難家庭に対しては、子どもには保育によって安心感を提供しながら、保護者にはその生活課題を解決するための支援を、外部機関などと連携しながら提供している。施設によって資質は異なり、そのような働きができない施設もある。

普光院亜紀
出版社在職中に二人の子どもを保育園に預けて働く．現在，「保育園を考える親の会」代表．保育ジャーナリスト．保育，仕事と子育ての両立の分野の執筆・講演活動を行うほか，国や自治体の保育・子ども施策に関わる委員会等の委員を務める．浦和大学講師．
主要著作に『共働き子育てを成功させる5つの鉄則』『共働き子育て入門』(以上，集英社)，『はじめての保育園』(保育園を考える親の会編，主婦と生活社)，『保育園民営化を考える』(共著)，『変わる保育園――量から質の時代へ』(以上，岩波ブックレット)など．

【保育園を考える親の会】
〒170-0013　東京都豊島区東池袋4-27-5-1213
Tel & Fax：03-6416-0721

保育園は誰のもの
――子どもの権利から考える
岩波ブックレット 977

2018年1月10日　第1刷発行
2021年3月15日　第2刷発行

著　者　普《ふ》光《こう》院《いん》亜《あ》紀《き》
発行者　岡本　厚
発行所　株式会社 岩波書店
〒101-8002 東京都千代田区一ツ橋2-5-5
電話案内 03-5210-4000　営業部 03-5210-4111
https://www.iwanami.co.jp/booklet/

印刷・製本　法令印刷　装丁　副田高行　表紙イラスト　藤原ヒロコ


ISBN 978-4-00-270977-2　Printed in Japan